KB181697

한눈에 읽는 외식창업 성공 이야기 [시리즈 15]

끊임없이 변하는 맛
피자 전문점

김병욱 지음

킴스정보전략연구소

김 병 욱 소장

킴스정보전략연구소 소장인 김병욱 박사는 소상공인 창업 지원 연구, 개발, 평가, 심사, 위원으로 활동하고 있으며, 삼성그룹사가 작사와 1등을 뛰어넘는 2등 전략과 창업 틈새 전략 외 150여 권의 저서를 발표한 바 있다.

그 밖에 방송·산업체 강의, 평가 등의 활동과 동시 월스트리트저널에 의해 21세기 아시아 차세대 리더에 선임된 바 있는 정보전략가임과 동시 경영컨설턴트이다.

Contents

Contents

Contents

Contents

I

피자의 역사와 발전

1. 피자 전문점의 역사와 변천

1) 피자전문점의 역사

피자라는 말은 희랍어 삐따(얇은 빵이라는 뜻)에서 유래 된 이탈리아인의 주식으로 오랜 옛날부터 올리브기름과 소금으로 독특한 맛을 낸 얇은 빵을 말한다. 오늘날 우리에게 익숙한 피자 맛은 이탈리아의 관광도시 나폴리에서 17세기부터 시작되었다. 원조 피자인 나폴리 피자는 아주 얇고 바삭한데 이것을 구울 때는 벌통모양의 오븐에서 장작불로 약 3분간 구워내며 이때 피자의 껍질은 보풀보풀 일어나게 된다. 대부분의 나폴리 피자집들에서는 여러 종류의 피자를 팔고 있는데 위에 얹은 양념은 몇 가지되지 않는다. 제일 인기 있는 것은 마늘과 식용유 그리고 소금으로 만든 것이다.

이와 같이 피자는 각 지역에 따라 다양하게 변천되어왔는데 그 과정을 보면, 고대 그리스 로마시대에는 '모레툼' 이라 불렀으며 이는 이스트를 넣지 않고 기름과 식초를 반죽하여 구운 빵이 있었다. 중세 이태리로 넘어오면서는 '시아치아타오' 라고 불리고, 이태리 남부의 나폴리에 있었던 '라가노' 와 유사하게 빵 위에 각종야채를 등을 얹어서 만들어 오늘날의 피자에 이르렀다. 전문적인 피자점은 1830

년경 등장해 벽돌로 만든 화덕에 피자를 구웠다. 그 뒤 베수비오 화산의 돌로 제작한 화덕이 유행했는데 피자를 굽기 좋은 온도를 유지하는데 적합했기 때문이다. 이때부터는 피자에 토마토를 첨가하여서 만들었으며, 18세기 말엽부터는 모차렐라 치즈나 멸치, 각종 오일, 마늘 등을 섞은 피자가 탄생하면서 점차 오늘날의 피자원형으로 자리 잡게 됐다. 19세기부터 기름과 돼지고기, 치즈, 토마토가 함께 사용된 파자가 일반인들의 사랑을 받게 되었고 19세기 초반에는 '8일 피자' 라는 것이 인기를 끌었는데 먹기 일주일 전에 요리한 것으로 매우 크고 오래 보관할 수 있어 붙여진 이름이다.

신대륙 개척으로 인한 시대 상황에 따라 가난한 이탈리아인들이 미국으로 이주함으로써 미국에 피자가 전파되기 시작하였는데 2차 세계대전에 참가했던 미군이 귀국 후 이탈리아에서 먹었던 피자 맛을 잊을 수 없어 미국에 이민 온 이탈리아인에게 피자를 만들어 달라고 부탁하면서부터 전 미국에 급속한 속도로 전파되었다. 우리나라에는 미군이 진주하면서 들어왔으며, 1980년대 중반 이후 체인점이 들어서면서 '서양 빈대떡' 으로 부르며 전파되기 시작했다.

피자는 미국식 피자와 이탈리아식 피자로 분류되는데 이는 토핑(Topping)에서 굽는 방법까지 차이가 있기 때문이다. 즉 두터운 빵에 갖가지 토핑을 올려놓은 것은 미국식 피자이며, 빵이 아주 얇고 토핑을 적게 얹은 정통 이탈리아 피자는 우리에게 오히려 낯설기까지 할 정도다. 특히 미국식은 간편하게 전자 오븐에 구워 내지만 이탈리아식은 벌통 모양의 뜨거운 돌화덕에 15분가량 구워낸다. 이탈리아 본고장에서만 맛볼 수 있는 바삭바삭한 맛의 비결은 바로 돌화덕에 있다. 마지막으로 피자 위에 얹는 초록색 잎 바질은 쌉싸름하고 향긋해 이탈리아 피자에서만 느낄 수 있다. 하지만 유럽연맹(EU)에서는 화덕에서 구워내는 조리법이 비위생적이라는 점을 들어 이를 금지하기도 했다.

피자는 각 나라마다 입맛에 맞게 개발되어 왔다. 일본에서는 오징어, 땅콩, 죽순, 생강, 딸기 등으로 피자를 장식하기도 하고, 포르투갈에서는 새의 간을 재료로 한 '사냥꾼 피자' 가 있는가하면 우리나라에는 불고기 피자가 있다.

2) 정통나폴리 피자의 원조 화덕피자

(1) 이탈리아에서 세계로 뻗어간 피자

전 세계인이 사랑하는 음식 중 하나인 피자는 넓고 동그랗게 편 밀가루 반죽 위에 토마토소스와 치즈, 토핑을 올려 화덕이나 오븐에 구운 요리다. 다양한 나라에서 사랑받는 만큼 나폴리 피자, 로마 피자, 시카고 피자 등 그 형태가 다양하며, 도우와 토핑, 굽는 방식에 따라 그 특색도 다르다.

이탈리아식으로는 핏자라고 부르는 피자는 이탈리아 남부지방 나폴리에서 시작된 대표적인 서민 음식이다. 초기에는 토마토소스를 활용한 피자가 주를 이루었으며, 마늘과 생올리브나 구운 올리브, 모차렐라 등을 넣은 커다란 만두 형태인 칼초네를 노점에서 주로 판매했다. 19세기 이후부터는 피자를 전문적으로 판매하는 핏제리아가 등장, 나폴리 근교 베수비오산의 화산석으로 만든 화덕에서 피자를 구워 맛의 퀄리티가 높아지기 시작했다.

피자가 세계에 알려지게 된 계기는 미국으로 떠난 이탈리아 이민자들이 1900년대 초반 핏제리아를 오픈하면서부터다. 이때부터 미국인 취향에 맞게 크기가 커지고 육류와 치즈를 중심으로 토핑, 치즈와 고기의 풍미가 더해진 기름기가 많은 미국식 피자가 등장했다. 특히 1940년대 중반 가스 오븐이 개발되면서 피자는 미국 북부를 비롯해 전역에서 판매되는 대중적인 메뉴가 되었다.

(2) 화덕피자의 꽃, 나폴리 피자

다양한 스타일로 변형된 피자가 시장에 등장했지만 피자의 원조인 나폴리 피자에 대한 외식 업체의 관심은 여전하다. 나폴리 피자의 정통성을 지키기 위해 이탈리아의 다양한 협회에서 앞장서서 나서고 있으며 나폴리 피자 인증 제도를 통해 일반 피자와 나폴리 피자를 차별화하고 있기 때문이다.

가장 널리 알려진 정통 나폴리 피자 인증 제도는 나폴리피자협회(AVPN, Associazione Verace Pizza Napoletana)의 베라 피자(VERA PIZZA) 인증이다. 베라 피자는 '진짜' 라는 뜻으로 진정한 나폴리 피자를 보호하는 동시에 홍보하고자 베라 피자 나폴리(VERACE PIZZA NAPOLETANA)를 규정, 1984년부터 시행하고 있다. 이 규정은 식재료부터 조리 방법, 화덕의 기준, 굽는 방법 등 완성된 피자의 특징까지 일목요연하게 정의하고 있다. 이와 함께 나폴리 피자를 대표하는 두 메뉴인 마리나라와 마르게리타 레시피도 소개한다. 마리나라는 토마토와 마늘, 오레가노를 올린 치즈가 없는 피자를 이르며, 마르게리타는 토마토소스와 모차렐라, 바질을 활용해 이탈리아 국기를 상징하는 피자다.

정통 나폴리 피자에는 8가지 규정이 있다. 반드시 장작 화덕을 사용해야 하며, 화덕의 온도는 485℃를 유지해야 한다. 반죽은 반드시 손으로 해야 하고 토핑은 토마토소스와 치즈가 기본, 피자 테두리인 고르니초네의 두께는 2cm 이하여야 한다. 또한 피자 중심 두께는 0.3mm 이하여야 하며, 구운 피자는 부드럽고 유연성이 있어 쉽게 접혀야 한다. 마지막으로 동그란 모양으로 직경은 35cm를 넘지 않아야 한다.

이처럼 정통 나폴리 피자에 8가지 규정을 제시하고 있는데, 이를 모두 지킨 피자에 한해 진짜 나폴리 피자를 인정하는 베라 피자 인증서를 수여한다. 국내에서는 2010년 '더 키친 살바토레 쿠오모' 가 첫 번째로 베라 피자 인증을 획득했으며 이후 볼라레, 베라 피자, 빠넬로 등 9개 업소가 인증 받았다.

베라 피자 인증 제도가 정통적인 나폴리 피자를 선보이는 업소를 증명해준다는 사실은 높게 평가할만 하지만, 이탈리아 특정 지역에서 생산된 식재료를 써야 한다는 점 등에서는 상업적인 측면도 있다.

(3) 화덕 피자에 주목한 해외 외식 시장

비교적 까다로운 베라 피자 나폴리 규정 때문에 시장에는 정통 나폴리 피자를 표방하는 핏제리아보다 화덕에 굽는 화덕 피자의 강점에 집중한 나폴리식 피자전문점이 많다. 외식업소 운영에 효율성을 더하면서 화덕 피자의 건강한 이미지와 쇼잉(Showing)효과를 거두고 있는 것이다.

화덕은 높은 바닥 온도와 대류열, 복사열을 통해 음식의 겉과 속을 골고루 익히면서 기름 성분은 배출하고 수분은 적당히 보존한다. 화덕 피자는 고온에서 빠르게 구워 부드러우면서도 쫀득한 식감이 살아 있으며, 기름기가 적어 담백하고 건강하다. 무엇보다 쇼잉 효과가 뛰어나다. 매장에 커다란 화덕을 설치하면 따뜻한 분위기를 연출할 수 있을 뿐만 아니라 피자를 구워내는 모습을 실시간으로 노출, 고객에게 생동감도 전달할 수 있다.

이미 해외에는 화덕 피자의 강점을 눈여겨보고 일찌감치 화덕을 접목한 피자전문점이 많다. 1985년에 론칭한 캘리포니아 피자 키친은 미국 LA 베버리 힐스에 첫 오픈, 화덕에서 구운 건강한 피자를 표방하며 브랜드를 전개하고 있다. 현재 미국 51개 주와 한국을 포함한 세계 12개국에 250여 개의 매장을 운영 중이다.

유럽식 피자 문화를 먼저 접한 일본은 화덕 피자전문점이 많이 발전했다. 정통 나폴리 피자전문점뿐만 아니라 정통은 따르면서 일본식으로 재해석한 피자전문점이 많다. 특히 토핑 재료의 변주가 많은데 통째로 튀긴 새우튀김, 달걀노른자를 올리는 등 매장의 특색을 더한 다양한 화덕 피자를 선보이고 있다. 최근에는 사용의 편의성을 추구한 가스 화덕뿐만 아니라 오븐을 사용해 나폴리식 피자를 선보이는 외식업소도 많다.

(4) 미국식 피자 바통 이어 화덕 피자가 대세

미국식 피자가 주를 이뤘던 우리나라에 나폴리식 화덕 피자가 등장한 것은 1990년대 후반부터다. 많은 업계 관계자는 나폴리 피자는 개그맨 이원승이 1998년 오픈한 '디마떼오'를 통해 처음 대중에게 알려졌다.

화덕 피자가 대중에게 보다 친숙해진 시기는 2000년대 후반부터다. 2009년 매일유업이 살바토레 쿠오모 스타셰프와 기술제휴를 맺고 '더 키친 살바토레 쿠오모'를 론칭, 정통 나폴리 피자를 선보였다. 같은 해 카페베네는 화덕피자를 콘셉트로 '블랙스미스'를 오픈했다. 이후 2013년 SPC그룹에서 정통 나폴리 피자를 구현하는 '베라 피자'를 론칭했으며 2014년 삼원가든을 운영하는 SG다인힐이 '핏제리아 꼬또'를 오픈, 이탈리아 나폴리와 미국식 피자에서 벗어난 베이커리 스타일의 도우를 개발해 화덕 피자를 선보였다.

개인사업자가 운영하는 나폴리 피자전문점도 등장하기 시작했다. 2009년 오픈한 '도치피자'는 서울 역삼동 19㎡(6평) 매장에서 월평균 4500만 원의 매출을 달성할 정도로 인기를 끌며 나폴리식 화덕 피자로 주목받았으며, 이후 한국인 최초로 베라 피자를 인증받은 '볼라레(2010)', 서울 한남동에서 수많은 공인의 인증을 받으며 자리매김한 '부자피자(2011)', 한국 나폴리핏자장인협회장 이영우 피자이올로(피자 장인)가 운영하는 '스파카 나폴리(2011)', 맛은 물론 비주얼로 대학로를 평정한 '핏제리아오(2013)', 김밥처럼 돌돌 말아내는 총각핏자가 시그니처인 '이태리총각(2014)' 등이 주목을 끌고 있다.

(5) 화덕 피자 맛의 승부처는 도우

피자에서 도우는 기본이면서도 매장의 특색을 드러내는 가장 중요한 요소다. 각 업소가 추구하는 스타일의 도우에 따라 밀가루의 배합률, 숙성 시간과 방법 등이 달라진다. 기본 베이스는 이탈리아의 로마식 도우와 나폴리아식 도우다. 로마 피자는 씬 피자 형태로 도우 끝부분까지 바삭하며, 나폴리 피자는 테두리 부분인 고르니초네(Cornicione)가 부풀어 올라 가장 두껍고 중앙은 가장 얇으며, 로마 피자보다 쫄깃하고 부드럽다.

도우를 만드는 주재료는 밀가루와 소금, 이스트, 물이다. 밀가루는 단백질과 글루텐 성분 함유량이 많은 강력분을 주로 사용한다. 산지에 대한 중요성은 분분하나 산지보다는 매년 동일하게 우수한 품질로 블렌딩해 품질에 차이가 없는 브랜드 밀가루를 사용하는 것이 좋다. 보통 제분 후 3주에서부터 6개월 이상 넘기지 않는 밀가루를 사용하기 위해 국내 많은 화덕 피자전문점에서는 국내산 밀가루를 사용한다. 고유한 도우 맛을 위해 품종이 다른 밀가루를 배합하는 경우도 있다. 캘리포니아 피자 키친은 강력분과 세몰리나를 배합해 사용, 강력분의 쫄깃함과 세몰리나의 빵과 같은 식감이 어우러진 도우를 선보인다. 이탈리아산과 국내산 밀가루를 함께 사용하는 이태리총각의 오너셰프는 이탈리아산 밀가루의 고유한 특징과 국내산 밀가루의 장점을 끌어내기 위해 적정 배합비로 배합, 고소하면서 쫄깃한 도우를 만든다고 말한다.

화덕 피자를 구현하기 어려운 이유 중 하나는 도우를 적당히 숙성시켜야 하기 때문이다. 숙성에 가장 큰 영향을 미치는 요소는 온도다. 밀가루를 반죽할 때부터 물의 온도에 유의해야 하는데 계절에 따라 이상적인 물의 온도는 여름에는 약 18℃, 겨울에는 대략 22℃다. 이스트는 드라이이스트보다는 생이스트를 많이 사용한다. 생이스트는 드라이이스트보다 유통기한이 짧고 관리하는데도 힘들지만, 장시간 발효할 때 적합하다.

(6) 피자전문점의 얼굴, 화덕

좋은 퀄리티의 피자를 구현하기 위해 신선한 재료와 반죽에 몰두하다가 간과하기 쉬운 부분이 피자를 굽는 화덕과 방법이다. 화덕은 다양하게 분류할 수 있지만 간단하게 장작 화덕과 가스 화덕, 장작과 가스를 혼용할 수 있는 하이브리드식 화덕이 있다. 장작 화덕은 장작을 활용하기에 온도 조절에 가장 유의해야 하지만 장작이 주는 은은한 향과 맛을 피자에 더할 수 있으며, 가스 화덕은 사용하기에 편리하고 재로 인한 오염이 없어 위생적이다. 하이브리드식 화덕은 일반적으로 가장 많이 쓰며 실용성이 높다. 장작만 사용하거나 가스만 사용할 수도 있으며, 장작과 가스를 일정한 비율로 조절해 장작 사용량을 줄일 수 있다.

화덕 피자를 굽는 방식은 도우에 따라서 굽는 시간이 달라질 뿐 대부분 비슷하다. 팔라(피자 삽)위에 토핑한 도우를 올린 후 모양을 정돈한 뒤 485℃ 화덕에서 60~90초간 빠르게 구워낸다. 베라 피자 나폴리 규정에 따르면 485℃는 피자를 맛있게 굽는 화덕의 최대 온도다. 처음 30초는 반죽이 부드럽기 때문에 바닥열로 도우 속까지 익도록 두다가 반죽이 부풀어 오르면서 색이 감돌기 시작하면 회전용 팔라로 반죽을 180도 회전시켜 반대쪽도 굽는다. 방향을 바꿀 때도 피자를 굽던 자리에 놓아야 온도가 일정해 타지 않는다. 알맞게 구운 피자는 고르니초네에 황금빛이 돌며 부드럽고 유연성 있어 쉽게 접힌다. 화덕피자는 5초로 성패가 결정된다. 빠르게 구워내는 특성상 피자 파트에는 보통 2~3명의 전문 인력을 배치, 최고의 화덕 피자를 제공하기 위해 노력하고 있다.

(7) 진입 장벽 높지만 매력 있는 화덕 피자

화덕 피자 시장은 2000년대 후반부터 꾸준히 증가하고 있다. 2010년 전후로 등장한 화덕 피자전문점은 나폴리 화덕 피자의 정통성을 표방하거나 전문성을 바탕으로 자신만의 개성을 더하고 있다. 1호점의 성공 노하우를 발판으로 매장 수를 확대하는 곳들도 많다. 도치피자는 현재 강남, 상수, 구의 등 5개 매장을, 부자피자는 용산구와 강남구에 4개 매장을, 핏제리아오는 혜화동 본점을 발판으로 스타필드 하남과 고양 등 3개 매장을, 이태리총각은 통인동 본점을 비롯해 익선동, 한남동에까지 세력을 확장 중이다. 이들은 피자 맛을 좌우하는 도우와 토마토 소스 등을 OEM 생산하고 매뉴얼화를 통해 다점포 운영이 가능하도록 시스템을 갖췄다. 하지만 화덕 피자의 간단하지 않은 조리 공정과 운영 프로세스로 인해 프랜차이즈로 사업을 확장할 가능성은 낮다.

3) 한국에서의 피자점의 도입

우리나라 피자점은 1985년 조영물산이 미국의 피자 인을 도입 하면서 국내에 처음으로 소개되었다. 그리고 동신식품이 피자헛과 기술을 제휴하면서 피자시장이 활성화되기 시작하였다. 오늘날처럼 피자전문점이 프랜차이즈화 되기까지의 과정을 살펴보면, 중소무역업체를 운영하던 성신제 사장이 국내의 대기업을 제치고 미국의 펩시그룹과 직접적으로 협상하여 도입비용 30만불을 지급하고 이태원에 1호점을 오픈하였다. 성신제 사장이 '창업자금 칠만 이천원' 의 책을 지은 당시에 그는 35세의 젊은 나이였으며 종업원 5명인 주방기구 무역업체의 무명사장이어서 화제가 된 적이 있다. 이태원의 1호점은 지상 3층과 지하 1층을 세를 얻고 총 6억원의 투자비를 들여 오픈하였는데, 월매출액이 6~7,000만원에 달할 정도로 폭발적인 인기를 끌었다.

이러한 과정에서 1986년에 피자인, 1987년에 쉐이키스피자, 1988년에 시카고피자, 1990년에 도미노피자, 라운드테이블피자, 미스터피자가 잇따라 도입되면서 시장성장률이 매년 100% 이상을 나타내게 되었다. 그러나 1988년 서울올림픽 이후에 너무 많은 체인점들이 우후죽순으로 파급되면서 시장이 과포화 상태가 되었으며 1990년대 후반 경기불황으로 인하여 피자시장도 침체되는 상황이 발생하였다.

IMF라는 사회적 충격은 피자업계의 경영방향을 바꾸는데 일조를 하였다. 피자업계는 다른 업종 못지않게 IMF 한파를 톡톡히 치러냈던 것이다. 특히 이러한 현상은 1994년에 등장한 이랜드 계열의 피자몰이 9,900원의 가격파괴로 피자가격을 대중화시키는데 큰 영향을 받았다. 당시 기존 업체들의 매출은 물론 신규업체의 오픈도 상당히 저조한 실적을 보였다. 또한 프로모션의 횟수나 규모 또한 대폭 줄었다.

국내 업체들의 경우 애국심을 강조하는 프로모션을 실시하기도 했다. 그런 와중에 원가 절감을 위해 식자재 구매선을 조정하거나, 고객 서비스 품목을 줄이기도 했으며 함께 일하던 동료와 헤어져야 하는 비운을 겪기도 했다. 연초 환율이 급등하자 재료의 80% 이상이 수입품인 피자업체들은 매출이 떨어지는 상황에서 덮친 격으로 원재료비의 폭등과 품귀현상까지 발생해 순이익 면에서도 큰 하락폭을 기록했다. 이로 인해 일부 업체들은 치솟는 원재료비에 맞춰 가격을 올리는가하면 또 일부 업체에서는 반대로 저가 메뉴를 승부수로 내걸기도 했다. 또한 국산 식자재가 수입품에 비해 상대적으로 비싸 수입품만을 사용 하던 업체들이 환율인상으로 수입품과 국산품의 가격에 별다른 차이가 없거나 오히려 수입품의 비용이 더 높아지자 국산품을 사용하는 모습들도 나타났다. 마케팅 면에서도 예상치 못했던 아이디어가 쏟아져 나왔다. 가장 큰 아이디어의 사례는 애국심에 호소한 나라사랑 마케팅이다. 국내 자생브랜드들은 너나 할 것 없이 로열티를 내지 않는 국내 업체라는 내용을 부각시켰고 또 매장에 태극기를 달거나 유니폼에 배지를 달기도 했다. 그 외 방문한 손님에게 피자를 직접 만들어 볼 수 있는 기회를 주는가 하면 비가 퍼붓는 날 매장을 찾는 고객들에게 피자를 무료로 주는 등 날씨를 이용한 마케팅도 나타났다.

가격을 이용한 마케팅에 주력, 보너스 카드의 혜택을 더욱 넓히거나 할인쿠폰 등을 통해 고객을 유인하는 방법을 사용하는 등 많은 마케팅 담당자들이 분주하게 '돈 안 드는 마케팅' 을 찾게 되었다. 이러한 과정들을 겪으면서 메이저 브랜드의 프랜차이즈 업체들이 직영점에서 가맹점 사업으로 방향을 바꾸었으며 이로 인해 동네장사로 재미를 보았던 군소 브랜드들이 예상치 못한 경영애로를 겪게 되었다. 현재는 투자비가 많이 소요되는 입점형 점포가 아닌 배달전문점과 포장피자점이 피자업계에서 유망한 사업아이템으로 떠오르고 있다.

4) 한국에서의 피자전문점 업태현황

피자 프랜차이즈를 보면 중소규모의 피자브랜드와 대형피자 브랜드로 구분할 수 있다. 이러한 피자시장에서는 각 분야별로 어떤 편차도 없이 양측 모두다 시장이 과포화 상태다. 이런 상황에서는 맛으로 인정받고 인지도를 확보한 일부 브랜드를 주축으로 시장 주도 상황이 재정리되고 있는 것이 현실이다. 즉 피자헛의 시장독주에 대하여 식상한 고객들이 일부 브랜드에 대항하여 새롭게 소비자 인지도가 높아지며, 중소규모의 피자 브랜드들이 점점 위축되어가고 있는 현상이 그것이다.

도미노피자와 미스터피자는 피자헛의 독주에 제동을 걸면서 지금까지 낮은 가격을 주력으로 한 동네 피자브랜드가 주 고객들에 대하여 다양한 소비자 성향을 깨우치도록 홍보하고 있다. 이러한 현상에 대하여 포화시장에 들어든 피자시장이 성숙기로 들어가면서 소비자들은 맛있고 인지도가 높은 브랜드로 재편되고 있는 것을 실감하고 있다.

독특한 현상은 월드컵과 올림픽이 열리는 빅 이벤트에는 많은 젊은 계층들이 TV로 경기를 관람하면서 배달피자를 주문함으로써 피자업계의 매출이 급증했다. 특히 도미노 피자의 매출실적이 50% 증가하였다는 것은 의미심장한 일이라고 보아야한다. 이러한 매출실적 향상의 뒷면에는 도미노와 미스터피자의 마케팅 중 하나인 20대의 젊은이들의 필수품 중의 하나인 휴대폰을 통하여 판매촉진을 일으킨 방법인데, 휴대폰에 판촉 및 할인 쿠폰을 전송하고, 휴대폰으로 결재도 가능하게 하여 다양한 이벤트 행사에 참여시킴으로써 폭발적인 호응을 일으킨 것이다. 즉 예를 들면 미스터피자의 경우 매장을 중심으로 반경 3km 이내에 있는 K-COMMERCE 회원들에게 인근 미스터피자 매장에서 사용할 수 있는 할인쿠폰을 휴대폰으로 전송하고, 결재까지 가능하도록 하게 한 것이다. 이러한 일들은 휴대폰이 기능만큼이나 다양한 아이디어로 소비자들의 참여를 촉진시킨 것이다.

또한 피자업계의 똑 다른 현상은 피자의 제조 기술 및 메뉴의 향상에 있다. 특징 있는 제조공정과 메뉴의 개발사례를 살펴보면 피자헛은 지속적인 품질과 맛을 개선하다가 피자의 모양에서 사각형의 모양을 가진 피에스타를 개발하였으며, 미스터피자에서는 54겹의 층으로 구분된 쫄깃하고 고소한 맛이 나는 페스트리 도우를 개발한 것이다. 빨간모자피자에서는 식자재 원료에 단호박을 투입시켜 장년층까지 소비자층으로 확대를 도모하고 계속적으로 고구마피자, DHA피자, 포테이토피자 등의 신제품을 개발하여 이어간 것이 주효한 점이다.

이러한 개발전략은 배달공정에서도 많은 변화를 일으켰다. 주문시 사용되는 원넘버 전화서비스는 피자헛은 서울·경기지역에 실시하게 하고 도미노피자의 경우는 1588-3082라는 번호로, 뒤에 사용되는 3082번은 30분 내에 빨리 배달이라는 이미지를 가지고, 도미노피자의 강점인 신속 배달처럼 업계 최초로 전국 통일 전화번호를 사용하여 서비스를 제공케 한 것이다.

우리나라의 피자업체는 주로 미국과 일본의 단독투자 및 기술 제휴한 외국브랜드와 우리나라 단독 자생 브랜드로 구분 된다.

〈표1〉 피자 프랜차이즈 현황

브랜드명	회 사	사업개시	도입내용
피자헛	한국피자헛	82. 2	100% 미국투자
시카고피자	토로나코리아	88. 10	日기술제휴합작
도미노피자	디피케이인터네셔널	90. 6	美도입, 3%
미스터피자	한국미스터피자	90. 9	日기술제휴
피자물(피자리그)	이엘인터네셔널	94(96)	국내자생
로마노피자	로마노피자	91. 3	국내자생
레드핀	델리	96. 9	국내자생
피자피아띠	남양유업	95. 1	국내자생
피자파자	삼창테크	88	국내자생
후레쉬피자	아인푸드시스템	89	美기술제휴
피자맥	한국피자맥	94. 4	국내자생
피자돌	가인식품	94	국내자생
리틀톰스피자	리틀톰스피자	89	국내자생
빨간모자	빨간모자	92. 1	국내자생
스바로	세진푸드시스템	96	美도입3.5%
리틀시저스	태홍	95	美도입3.5%
성신제피자	성신제피자	98.5	국내자생

그리고 서비스형태에 따른 피자시장규모를 보면 피자업체의 서비스 형태는 배달하여 판매하는 형태와 매장 내에서 판매하는 형태의 2가지로 나눌 수 있다. 여기에서 조금 더 세분화한다면 점포에서 이루어지는 판매는 포장판매와 점포 내 판매(Dine-in)로 나눌 수 있다.

〈표2〉 서비스형태에 따른 피자시장규모

판매 형태	시장 규모
Delivery(배달판매)	52%
Carry-out(포장판매)	14%
Dine-in(점포 내 판매)	6%
Slice	6%
Others	22%

피자의 종류는 피자의 구분하는 방법으로 다음의 기준에 따라서 3가지로 구분할 수 있다. 크러스트 두께, 모양, 그리고 굽는 기구에 따라 분류되어진다.

① 크러스트 두께 : 씬 크러스트(Thin Crust), 미디움(Medium Crust), 씩(Thick Crust) 3가지로 구분할 수 있다. 크러스트의 두께는 도우(dough 밀가루판)의 양과 발효정도에 따라서 차이가 난다. 두께가 얇은 신 크러스트는 나폴리안 피자라고 말하며, 두께가 두꺼운 씩 크러스트는 시실리안 피자로 불린다.

② 모양 : 피자의 모양은 크게 2가지로 둥근 형태의 피자와 사각 형태의 피자로 나눈다. 최초에는 둥근 형태의 피자가 유행이었으나, 최근에는 네모형태의 피자가 새롭게 소비자의 관심을 끌면서 각각의 마케팅을 펼치고 있다.

③ 굽는 기구 : 피자는 굽는 기구에 따라 팬피자, 스크린 피자, 화덕피자로 나눈다. 화덕을 이용한 피자는 빵 굽는데 쓰이는 삽 모양의 기구인 필(peel)을 이용해 난로에서 직접 굽는 피자이며 외국영화에서 자주 보는 이국적인 조리모습이다.

2. 피자, 지지 않는 외식업의 별

1) 개성으로 세분화된 브랜드

오랫동안 사랑을 받아온 만큼 피자는 그 종류가 매우 다양하다. 우리나라에서도 피자는 가격과 메뉴 등으로 다양한 브랜드로 발전해왔다. 현재 우리나라의 피자 프랜차이즈 시장은 가격대별로 나누어져 있다. 피자 한 판을 기준으로 했을 때, 2~3만원대의 패밀리레스토랑 개념으로 발달한 고가의 대형 브랜드, 1~2만원대의 맛과 품질로 승부하는 중가의 브랜드, 1만원을 전후하는 저가의 브랜드로 구성돼 있는데, 각각의 개성이 확실하기 때문에 어떤 브랜드도 지나치기 어려울 정도로 강한 브랜드 로열티를 가지고 있다. 본사가 제대로 운영되지 못해 론칭한지 얼마 되지 않아 금방 사라지는 브랜드들도 있지만, 소리 소문 없이 고객에게 사랑을 받으면서 탄탄하게 10년 이상을 이끌어가고 있는 브랜드도 적지 않다.

이탈리아에서 시작된 요리 피자는 수천 년의 역사를 가진 음식이다. 신석기 시대부터 시작됐으며, 기원전에 만들어진 피자조차도 약간의 조리 방식을 제외하면 지금과 크게 다르지 않다. 18세기 중반부터는 왕가와 귀족을 중심으로 피자에 대한 사랑이 높아지기도 했다. 예나 지금이나 피자를 만들기 위해서는 오븐이 필요했기 때문에 피자는 외식으로 간주되는 경우가 많았는데, 오븐에서 만들어지던 피자는 1830년 〈피체리아〉에서 화덕으로 구워지기 시작했고, 화덕을 이용해 빠른 시간에 구울 수 있게 되면서 저렴한 가격으로 피자의 세계화를 만들어가기 시작했다. 이후 19세기 말 미국으로 이민을 간 이탈리아 사람들에 의해 양을 중요시하는 미국식 피자가 만들어졌고, 당시 창업비용이 낮았던 편이라 각지의 이민자들이 피자 매장을 오픈하면서 다양하게 변화했다. 우리나라에도 처음 들어온 피자는 미국식이었기 때문에 오랫동안 팬 피자가 인기를 얻을 수 있었지만, 최근에는 화덕을 이용한 이탈리아 스타일의 씬 피자가 팬 피자와 함께 많은 사람들에게 사랑을 받고 있다.

2) 끊임없이 변하고 움직이는 피자

피자라는 단일 메뉴는 우리나라는 물론 전 세계에서 꾸준히 사랑을 받아왔다. 전문가들 역시 성수기와 비수기가 따로 없는 사계절 매출이 한결같은 메뉴라고 입을 모아 말한다. 하지만 그 흐름이 조금씩 변해가고 있는 것은 사실이다. 오랫동안 사랑을 받아왔던, 치즈와 각종 토핑이 듬뿍 올려져있으며 두꺼운 도우를 자랑하던 팬 피자에서 이제는 얇고 바삭하면서도 다양한 치즈의 맛을 느낄 수 있는 씬 피자가 유행 중이다. 또 기존의 오븐에서 화덕으로 도우를 굽는 방식이 고급화되면서 소비자들의 입맛은 나날이 높아지고 있다.

이러한 흐름을 따라가기 위해서 염두에 두고 있는 피자 프랜차이즈 브랜드들이 어떤 메뉴군을 가지고 있는지 확인할 필요가 있다. 꾸준한 신메뉴 개발로 소비자의 다양성을 충분히 채워줄 수 있는지, 전문가 못지않게 고급스러워진 입맛을 채워줄 수 있을 만큼 좋은 재료를 사용하고 있는지, 홀 매장 또는 테이크아웃과 배달 매장의 특성을 잘 살리고 발전시키고 있는지 반드시 체크해야 한다. 앞으로 고객의 입맛은 더욱 높아질 것이며, 그 변화는 피자의 맛과 스타일에 큰 영향을 미칠 것이기 때문이다.

피자의 변화를 좀 더 알고 싶다면 커피를 생각해 볼 필요가 있다.

10년 전만 해도 대부분의 사람들은 인스턴트 커피에 설탕과 프림을 넣어서 마시며, 이것을 최고의 커피라고 생각했다. 하지만 지금은 모두 원두커피에 길들여져 예전에 먹던 '커피믹스' 는 어르신들이 마시는 것으로 생각될 정도다. 비싼 에스프레소 메뉴도 이제 대중적인 메뉴가 되어 커피 프랜차이즈는 나날이 늘고 있다. 커피 시장이 이미 포화 상태가 됐다고 하지만 그만큼 소비자군도 커져가고 있는 것이다. 피자 역시 마찬가지다. 나날이 브랜드가 많아지고 있지만, 그 이상으로 소비자의 폭도 넓어지고 있다. 고객의 입맛은 늘 변하고 시간이 흐를수록 더 새로운 것, 더 좋은 것을 찾을 수밖에 없다.

피자 역시 마찬가지다. 피자 브랜드로 성공하고 싶다면, 지금의 피자 시장이 아닌, 과거와 현재 그리고 조금 먼 미래까지 동시에 생각해 봐야 한다.

3) 이탈리아 나폴리 피자의 원형을 지킨 핏제리아 브란디 〈Pizzeria Brandi〉

(1) 피자의 본고장 나폴리

현재 한국에서 가장 대중적인 피자는 도우-피자에서 빵 부분에 해당하는 것 보다는 그 위에 얹는 여러 토핑에 중점을 두고 있는 미국식 피자에 가깝다. 하지만 피자는 미국이 아닌 이탈리아가 원조다. 피자는 수천 년 동안 이탈리아의 음식 문화에서 중요한 위치에 있어 왔다. 그 시작은 고대 이탈리아 중서부 에트루리아에서 밀반죽을 돌 위에 구워 기름을 바른 뒤 고기, 수프 등을 얹어 먹었던 것이 지금까지 이어져왔다는 설이 가장 유력하다.

최근 들어 미국식 피자의 푸짐하고 자극적인 맛에 매료되었던 사람들이 좀 더 가벼운 느낌의 이탈리아 피자에 매력을 느끼고 있다. 이탈리아 피자를 이야기할 때 나폴리 피자를 빼놓을 수 없다. 누가 뭐라 하더라도 피자의 본고장은 바로 이탈리아다. 좀 더 구체적으로는 나폴리다. 나폴리는 이탈리아에서 로마, 밀라노에 이어 제3의 도시이다.

이탈리아에서도 특히 나폴리를 중심으로 피자가 발전할 수 있었던 데에는 부르봉 왕조(House of Bourbon)의 페르디난도 1세(Ferdinando 1)와 마리아 카롤리나(Maria Carolina) 왕비의 역할이 컸다. 당시 소박한 입맛을 가지고 있었던 카롤리나 왕비는 서민 요리였던 피자를 자주 먹었다.

그러나 왕은 왕비의 피자 먹는 모습을 탐탁지 않게 여겼고, 왕비에게 어울리는 세련된 피자 레시피를 개발하라고 명했다. 그래서 궁에 피자를 굽는 화덕을 들여놓게 되었고, 왕도 왕비와 함께 피자를 즐겨 먹게 되었다. 이후 이런 사실이 알려지면서 서민 음식이라고 피자를 꺼려했던 귀족들까지 즐겨먹게 되며, 피자는 더 이상 서민만의 음식이 아닌 나폴리 내에서 가장 대중적인 음식이 된 것이다.

(2) 마르게리따 왕비를 만족시킨 핏제리아 브란디

나폴리의 3대 핏제리아(pizzeria, 피자전문점)는 핏제리아 디 마테오(Pizzeria di Matteo), 핏제리아 다 미켈레(Pizzerio da Michele), 그리고 핏제리아 브란디(Pizzeria Brandi)다. 이 중 핏제리아 브란디는 마르게리따 피자를 만들어낸, 역사적으로도 중요한 역할을 한 핏제리아다.

1780년에 문을 열고, 마르게리따 피자를 처음 세상에 선보인 핏제리아 브란디는 나폴리에서 가장 오래된 피자 전문점으로 그 역사를 자랑한다. 나폴리의 작은 골목에 위치하고 있는 핏제리아 브란디는 지금까지도 이탈리아를 여행하는 사람들이라면 꼭 들러가야 할 명소이자, 이탈리아 사람들도 피자를 먹기 위해 방문할 정도로 사랑 받고 있다.

클린턴 前 미국대통령, 성악가 플라시도 도밍고와 루치아노 파바로티 등 많은 유명인사들도 찾는 곳이 바로 브란디이다. 지금도 브란디에 가면 '100년 전 이곳에서 마르게리따가 태어났다' 는 문구가 쓰인 팻말을 볼 수 있는데, 나폴리 피자에 대한 자부심과 전통을 이어간다는 책임감을 느낄 수 있다.

(3) 전통을 이어가는 최고의 방법

피자는 이탈리아를 대표하지만, 그중에서도 나폴리를 대표하고 또 상징한다. 이에 이탈리아 농림부에서는 나폴리 피자 고유의 특징을 유지하기 위해 조리방법과 재료 선정 등에 별도 지침을 만들어 놓고 있다. 지침에는 피자의 크기, 화덕의 종류, 토마토 및 밀가루의 종류 등 8개 조항이 있는데, 그 내용도 매우 구체적이다.

'도우는 밀가루와 물, 효모, 소금 4가지만 들어가야 하고, 그 두께는 2cm 이하여야 한다' 등으로 지정해 놓고 있는 것이다.

동시에 가문 대대로 피자욜로로 살아온 사람들은 이런 조항에 반발 하지 않는다. 이런 조항들을 만들어 놓은 바탕에는 나폴리 피자의 역사와 전통을 지키겠다는 본질이 있기 때문이다.

특히나 핏제리아 브란디는 이런 나폴리 피자의 전통과 역사 한 가운데 있기 때문이다.

4) 맛, 품격, 비주얼 세 가지를 녹이다 '치즈'

'치즈 토핑 추가' 는 이제 더 이상 피자집에만 있는 주문이 아니다. 지금 치즈는 다양한 메뉴에 녹여져 한 끼 식사로, 또 요리로 거듭나고 있는 것이다.

(1) 국내 치즈 소비량, 10년 전 대비해 약 2배 늘어

최근 치즈는 와인과 함께 그 수입량이 증가하는 추세다. 국민 1인당 연간 소비량이 1.98kg에 이를 정도다. 관세청은 와인과 치즈 수입동향을 확인한 결과 와인은 2013년 대비 0.2%, 치즈는 14.2% 늘었다고 밝혔다. 2015년 12월까지 치즈 수입량은 8만 8282톤으로 집계됐다. 치즈 수입가격은 1kg당 7434원으로 2013년 같은 기간보다 1.1%상승했다. 종류별로는 모짜렐라 치즈의 수입이 가장 많았으며, 국가별로는 미국산 수입비중이67.3%로 1위 수입국으로 나타났다.

10년간의 추이를 살펴보면 치즈는 약 2배 가까이 늘었다. 농림축산 식품부와 낙농진흥회에 따르면 국내 치즈 소비량은 지난 2003년 5만 8600톤에서 2013년 10만7700톤으로 10년 간 83.7% 증가한 것이다.

(2) 100% 자연산과 수제에 집중해 퀄리티 UP

특히 자연치즈 소비의 증가세가 두드러진다. 자연치즈 소비량은 2003년 3만3400톤에서 20013년 8만3200톤으로 무려 14.6%(4만 9800톤) 증가했다.

이는 지난 2012년 초 '짝퉁치즈' 파동의 영향이 일부 작용한 것으로 보인다. 당시모조·가공치즈를 사용하면서 100%자연산치즈만 사용한다는 허위표시로 피자업체들이 무더기로 적발됐다. 그 일을 계기로 소비자는 모조치즈 사용 여부에 대해 체크하는 등 '진짜' 와 '가짜' 를 가려내는 것에 민감해졌고, 치즈 품질에 신경 쓰는 업소가 점차 늘게 된 것이다. 치즈를 직접 만드는 외식업소도 생겨났다. 수제나 자연산 치즈를 사용하는 업소에서는 이를 적극적으로 홍보하고 있다.

(3) 테이블단가 상승에 효과적, 작은 매장에 활용하기 좋아

치즈하면 와인 안주나 이탈리안 음식으로 조금씩 접했던 것이 전부였다. 어느 순간 치즈는 대중적인 메뉴에서도 쉽게 발견할 수 있는 식재료가 됐다.

분식집 떡볶이에도 치즈를 넣어 업그레이드 했고, 닭갈비를 먹은 후 밥을 볶아 먹을 때에도 '치즈 토핑' 이 가능하도록 했다.

치즈는 메뉴의 가격을 올려 테이블단가를 높이는 데 효과적이며, 중·고가 가격 형성이 가능하다. 치즈의 가격이 높다는 것에 대한 소비자의 인식이 어느 정도 자리 잡혀 있기 때문에 가격에 대한 저항성이 크게 있지 않다. 테이블 단가가 높게 나오기 때문에 손님을 한 번에 많이 받을 수 없는 작은 매장에서 활용하기에 더 좋은 아이템이 바로 치즈다.

(4) 웰빙, 건강 요소에도 부합 '치즈'

치즈는 동물의 젖에 들어있는 단백질 카세인을 응고시킨 것이다. 에너지로 전환되는 과정에서 비타민B는 필수적인 역할을 하며 에너지 생성을 촉진해 지방을 연소시킬 때 꼭 필요하다. 미용에도 좋고 얼마 전에는 치즈가 당뇨병과 암의 발생을 막고 노화방지에 탁월하다는 연구 결과가 발표되기도 했다.

또 여성고객을 끌어 모으는 힘도 있다. 주꾸미를 치즈에 찍어먹는 '주꾸미 퐁듀' 의 대표브랜드 〈오쭈〉는 매장오픈 초반 여성 고객이 전체의 90%이상이었으며, 무엇보다 치즈는 메뉴, 매장 등 전체적인 품질을 높여주는 경향이 있다. 소량 사용으로 프리미엄화가 가능한 그야말로 '업스케일' 의 대표적인 식재료다.

(5) '치즈도 이제는 푸짐함이다' 비주얼로 임팩트 있게

최근에는 치즈를 접목한 메뉴 형태가 조금 달라지고 있다. 치즈의 비중이 꽤 늘었다. 푸짐하게 제공해 임팩트 있는 비주얼을 내세우고 있다. 이는 SNS 발달의 영향이 크다.

치즈 등갈비도 마찬가지다. 불판에 치즈를 넓게 깔고 한쪽에 등갈비를 올려주는 형태다. 길고 차지게 쫙 늘어나는 치즈의 모습에 젊은 소비자는 열광하는 중이다. 몇 년 전 〈카페마마스〉를 통해 인기를 끌어 현재 모던 한정식집에 대표 샐러드로 자리 잡은 '리코타치즈샐러드' 역시 푸짐한 모습이 크게 어필됐던 메뉴다. 리코타치즈는 쉽게 만들 수 있는 장점이 있어 매장에서 소량씩 직접 만들어 내기도 한다.

(6) 〈시카고피자〉 시카고피자 5cm 깊이 피자 속에 치즈가 한 가득

지금 피자업계에서는 시카고피자가 붐이다. '딥디쉬(Deep Dish) 피자' 라고 불리는 이 피자가 국내에 소개된 것은 패밀리레스토랑 〈우노〉를 통해서지만 〈시카고피자〉에서 전문화 해 유명세를 탔다.

2014년 여름 문은 연 〈시카고피자〉는 오픈 3개월 만에 7시간의 고객 웨이팅 기록을 세웠다. 직원 한명이 웨이팅 리스트 작성을 담당했을 정도다. 당시 홍대 인근에 있는 181.82㎡(55평) 매장(3,4층)

에서 하루 기준 한 테이블에 머문 고객이 10팀. 한창일 때에는 월매출 2억5000만원까지 찍었다.

〈시카고피자〉는 약 15cm 높이의 통나무 위에 약 5~6cm 높이의 피자를 올려 제공한다. 사람들의 시선을 의식한 세팅 방법이다. 손님이 피자를 뜨기에 불편하지 않은 높이 내에서 피자의 비주얼을 극대화했다. 치즈가 쫙 늘어나는 등의 임팩트 있는 모습 덕택에 파급력이 컸다.

피자는 클래식 토마토와 바질페스토, 오징어먹물 3종류다. 종류별로 8Inch와 12Inch 2가지 크기로 나뉜다. 버섯, 베이컨, 페퍼로니, 시금치, 불고기 등 토핑은 따로 추가할 수 있도록 마련했다. 피자 외에도 시카고 바비큐 프라이즈, 부추치킨스테이크, 파스타, 맥앤치즈 등 다양한 메뉴를 구성했다. 물론 빠트리지 않고 주문하는 메뉴는 피자다.

인기 탓에 다른 유사 브랜드가 많이 생겨났지만 〈시카고피자〉는 4시간 동안 직접 매장에서 끓이고 있는 토마토소스, 비스킷과 빵의 중간 형태의 도우, 특별히 찾은 치즈 등의 품질로 차별화하고 있다.

(7) 〈등신〉 치즈등갈비 100% 자연산 치즈에 찍어 먹고 말아 먹는 등갈비

등갈비에 치즈를 접목한 치즈등갈비 메뉴가 한창 인기를 끌고 있다. 치즈등갈비 브랜드 〈등신〉은 후발 주자인 만큼 식재료 품질을 경쟁력으로 삼고 있다. 특히 치즈는 서울우유협동조합과 업무 협약 체결을 통해 100% 자연산을 받아쓰며 고객 신뢰도를 높이고 있다.

같은 자연산 치즈라 해도 가격과 품질이 천차만별이며 좋지 않은 치즈는 식으면 딱딱하고 기름과 분리되기 때문에 다시 가열해도 잘 녹고 약간 식었을 때 적절한 식감이 나는 것을 선별해 사용한다.

치즈 선택 때에는 등갈비 맛과의 조화에도 신경 쓴다. 〈등신〉의 '치즈마약등갈비' 양념은 사천고추와 청량고추를 1대1로 섞은 것과 각종 향신료가 들어가기 때문에 맵고 자극적이어서 치즈는 염도가 낮은 것을 골라 사용한다.

등갈비 2인 기준에 치즈 280g 정도 내고 있으며 4000원에 치즈를 추가 주문해 먹을 수 있다. 이곳 등갈비는 증기로 찌는 방식을 통해 부드러움을 높였고 찐 상태를 진공 포장해 각 매장으로 공급하고 있다. 매장에서는 직화로 구워 내며 매운 맛은 3단계로 조절이 가능하다. 매장은 전국에 약 30개를 두고 있다.

(8) 〈오쭈〉 주꾸미 퐁듀 크리미한 치즈에 주꾸미 퐁당

치즈는 주로 매운 맛을 완화하는 것에 유용하게 활용된다. 주꾸미의 매운맛을 완화하기 위해 개발한 것으로 5000원을 추가하면 귀여운 그릇에 담긴 치즈를 별도 제공한다.

〈오쭈〉는 치즈를 일일이 뿌려 내는 것보다 손님이 찍어 먹게끔 하는 것이 더 임팩트 있다고 판단해 퐁듀로 내고 있다. 퐁듀는 〈오쭈〉의 콘셉트를 반영하면서도 차별화하는 요인으로 자리 잡았다.

특히 여성 고객에게 크게 어필하고 있는데 20대 초·중반 여성고객 비중이 높으며 매장 오픈 초반에는 여성 고객이 전체의 90% 이상이다.

지금은 평균적으로 약 80%에 달한다. 테이블 16개를 두고 있는 서울 대학로점은 하루 평균 테이블 하나에 10팀 이상이 먹고 간다. 강남역 매장은 한 테이블에 9회전 이상이 기본이다.

이곳 주꾸미는 고춧가루와 후춧가루를 사용한 양념에 묻힌 뒤 냉장 상태에서 9시간 정도 숙성과정을 거치기 때문에 탱탱하면서도 부드러운 식감이 특징이다. 맛을 위해 세척부터 손질, 숙성까지 매장에서 직접 진행하고 있다. 메인 메뉴는 '쭈꾸미' 외에 주꾸미와 삼겹살을 섞은 '쭈삼이' , 닭고기를 조합한 '쭈꼬꼬' , 세 가지를 모두 맛볼 수 있는 '쭈삼꼬' 와 크림막걸리도 인기다.

5) 고품질 저가격 내세운 실속 메뉴가 꾸준한 강세

(1) 새로운 콘셉트 내세운 매장 눈길

몇 년 전부터 국내 메이저급 피자 업계는 이미 포화상태에 이르러 매년 신규 출점이 주춤한 상태로 안정기를 넘어 침체기를 겪고 있다. 이러한 상황을 반영한 듯 피자 업계는 생존을 위한 화두로 각 브랜드마다 외형과 내실을 새롭게 하고 변화에 적극적으로 나서고 있다.

특히 새로운 콘셉트를 내세운 매장과 메뉴를 선보이며 떠난 고객 돌려세우기에 주력하는 모습이다. 대표적인 예로 도미노피자는 새로운 로고디자인을 발표하고 매장에 피자 씨어터 콘셉트를 도입, 오픈키친을 통해 고객과의 소통에 적극 나섰으며 피자헛도 다이닝 레스토랑인 피자헛 키친을 선보이며 새로운 도약을 선포했다.

실제로 피자에땅의 경우 이탈리안 스퀘어 피자 시리즈를 출시, 조각피자라는 새로운 승부수를 띄웠으며, 피자헛도 다이닝 레스토랑 형태에 맞게 타코피자, 리코타 치즈 샐러드 등 새로운 스타일의 메뉴를 접목, 눈길을 끌고 있으며, 이탈리안 메뉴 접목, 합리적 가격대로 실속을 강화한 올인원 메뉴들로 꾸준히 강세를 이어가고 있다.

피자헛은 패스트&캐주얼 다이닝 레스토랑인 '피자헛 키친' 을 통해 새로운 도약을 선포했다. 피자헛 키친은 오픈 이후 방문객이 147% 상승, 독특한 콘셉트의 메뉴를 통해 입지를 다지고 있다.

미스터피자는 중국 사업에 가속도를 내며 해외 진출에도 주력하고 있다. 상하이 진출 1년 만에 점포별 월 평균 매출이 1억1000만 원을 넘어서는 등 기대 이상의 성과를 얻었다. 이는 경기 불황이 지속되고 정부의 각종 규제가 강화됨에 따라 새로운 돌파구 마련을 위해 기존 대기업뿐만 아니라 중견, 중소 외식업체도 현재 포화 상태인 국내 시장에서 벗어나 해외 시장으로 눈을 돌리고 있기 때문이다.

(2) 합리적인 가격과 우수한 품질, 지속적인 화두

피자 업계의 또 다른 이슈 중 하나는 각 브랜드마다 피자와 3~4가지의 사이드 메뉴를 한꺼번에 담은 패키지 상품이나 콘셉트로 한 각종 신메뉴를 선보이는 등 불황 속 기회를 모색하기 위한 적극적인 모습을 보인다는 점이다.

실제로 도미노피자의 경우 '슈하스코 치즈롤 피자' 를 출시, 브라질의 대표음식인 슈하스코 스테이크를 모티브로 삼아 브라질 정통의 맛을 재현했다. 또 여러 명이 함께 푸짐하고 알뜰하게 이용할 수 있는 패키지 메뉴인 '도미노 올스타팩' 을 출시하기도 했다. 미스터피자는 피자와 치킨, 사이드 메뉴 등을 1개의 박스에 담아 야외활동에 최적화한 '홈런박스' 와 '투런홈런' 등을 출시했으며, 피자헛은 풍성하면서 알뜰한 가격으로 즐기는 '와우박스' , '더블박스' 등을 선보였다. 이렇듯 경기 불황이 지속되면서 앞으로도 이를 타개하기 위한 신메뉴 출시, 다채로운 마케팅 기법 활용, 적극적인 해외 시장 진출 등으로 돌파구를 모색해나가고 있으며 합리적인 가격과 우수한 품질로 소비자의 니즈를 만족시킬 수 있는 제품과 서비스가 호응을 얻고 있다.

한편 고객과 가까이 소통하기 위해서는 SNS 등 다양한 채널을 통한 소통 확대가 매출 상승 및 브랜드 인지도 상승에 좋은 영향을 가져올 수 있을 것으로 예측하고 스마트폰 사용자가 증가함에 따라 모바일 쇼핑 시장 규모도 해마다 높은 성장세를 보이고 있다.

실제 각 브랜드마다 모바일을 통한 주문 횟수가 늘어남에 따라 모든 피자 제품을 15% 할인된 가격으로 제공하는 등 다양한 할인 혜택과 이벤트로 고객 만족도를 높이고 있다.

이외에도 현재 급부상하고 있는 디저트 시장에 발맞춰 다양한 사이드 디쉬 개발에 중점을 두는 브랜드도 증가하고 있다.

특히 미스터피자는 보다 높은 품질의 새로운 피자를 선보이기 위해 지속해서 제품 개발에 투자하고, 쇠고기 홍두깨살 토핑과 새로운 크림치즈 모카번 엣지로 구성된 '홍두깨번' 외에도 클래식 피자 2

종 등 신제품을 선보였다. 신제품 출시 외에도 실속 있는 제품 구성이나 시즌 이슈에 맞춘 메뉴 구성으로 저렴한 가격대의 통합 메뉴를 선보이는 등 소비자들의 선택을 넓히기 위해 노력하고 야외활동에 최적화 한 '홈런박스' 를 제공하고 있다.

아울러 중국 사업에도 박차를 가해 난징, 우시, 심양 등 중국 점포의 경우 당초 예상치를 150% 상회하는 매출을 기록했다. 이 밖에도 합자계약을 맺은 중국 유통업체 '골든이글 그룹' 이 운영하는 골든이글 백화점에 매장을 오픈하는 등 합자 사업을 본격화했다.

16년 만에 '수타 도우를 통한 무한질주' 의 의미를 담은 새 BI를 발표한 점도 눈길을 끈다. BI 변경을 통해 브랜드 핵심 철학이자 지향점인 '정성이 가득 든 건강한 도우' 를 강조함으로써, 고객들에게 친근한 이미지를 전달하고 있다. 또한 아모제푸드㈜와 복합다중시설 사업협력에 관한 MOU를 체결해 국내 컨세션 부문 강화를 위한 발판을 마련했다.

도미노피자는 이색적이고 다양한 식자재를 활용해 그동안 맛보지 못했던 새로운 스타일의 프리미엄 피자를 선보였다. 얇고 바삭한 더블크러스트 도우 사이에 버터, 달걀노른자, 바닐라 향을 첨가한 홀랜다이즈 무스 등을 넣은 '더블크러스트 블루밍 피자' , 슈하스코 스테이크와 남미 특유의 퀘소 치즈 소스를 뿌린 치즈롤 브레드로 구성된 '슈하스코 치즈롤 피자' 2종이다.

다양성과 경제성을 동시에 갖춘 '도미노 올스타팩'을 출시 한 것도 눈길을 끈다. 도미노 올스타팩은 2단으로 구성 된 박스에 올스타를 연상하는 별 모양의 패키지가 돋보이는 제품으로 베스트셀러 피자 2판과 인기 사이드디쉬 4종을 하나의 박스에 담았다. 여러 가지 메뉴를 한 번에 즐길 수 있고 단품으로 주문할 때보다 가격도 저렴해 고객들에게 좋은 반응을 얻었다.

또한 피자헛은 청계천에 새로운 콘셉트의 패스트&캐주얼 다이닝 레스토랑 피자헛 키친을 론칭했다. 주문한 메뉴의 조리 과정을 즉석에서 바로 확인할 수 있는 오픈 키친을 구성했으며, 편안하고 세련된 분위기에서 다양한 메뉴를 즐길 수 있도록 젊은 감성을 선보이고 있다. 멕시칸 향이 가득한 '타코피자', 가볍게 즐길 수 있는 '샐러드 피자', 신선한 샐러드와 생과즙을 가득 담은 에이드 등 프리미엄 사이드 메뉴를 통해 외식 트렌드를 주도하는 20~30대 젊은 여성 고객층에게 좋은 반응을 이끌어냈다.

아울러 스포츠 시즌을 맞아 대한민국의 승리를 기원하며 선보인 '와우박스', '더블박스'와 푸짐한 혜택이 있는 '스포츠박스 스크래치 이벤트'로 맛은 물론 응원의 즐거움을 더했다.

SNS 마케팅도 활발하게 전개하고 있다. 고객과 더욱 자유롭고 친근하게 소통할 수 있는 SNS 공식 채널 오픈 기념 특별 이벤트를 진행했으며, 피자헛의 새로운 소식과 다양한 혜택을 SNS에서 간편하게 접할 수 있도록 했다. 피자헛은 특별 기간에만 한정 실시했던 '방문 포장 1만 원 할인' 서비스를 상시 서비스로 확대했다. 보다 많은 고객이 피자헛을 이용 했으면 하는 바람에서다.

피자 전문 다이닝 레스토랑 캘리포니아 피자 키친은 신메뉴 개발에 주력하고 있다. 제철과일을 이용한 주스, 제철 식재료를 이용한 봄나물 파스타, 딸기 피자 등 소비자의 건강에 초점을 맞춘 신메뉴로 브랜드 인지도를 높였다. 또 피자맛 맥주 판매와 더불어 맥주 주문 시 웻지 포테이토 피자를 1만 원에 제공하는 피맥 세트를 출시했으며, 여름 시즌을 겨냥해 피자&맥주 세트와 맥주를 무제한으로 즐길 수 있는 이벤트를 선보였다. 피맥세트를 위해 특별히 개발했다는 4종류의 피자도 눈길을 끝다.

아울러 카드 형식의 멤버십에서 탈피, 멤버십 기능만을 가진 '멤버십 애플리케이션' 을 론칭했다. '멤버십 애플리케이션 출시 기념' 이벤트로 다운 받은 모든 고객에게 5000원 할인쿠폰을 증정하는 서비스도 선보이고 있다. 게릴라 형식으로 발송되는 푸쉬(Push) 쿠폰을 통해 기존 멤버십 카드의 전형적인 혜택에서 벗어나 고객들에게 보다 적극적이면서도 직접적인 커뮤니케이션을 시도하고 있다.

II

국내 피자브랜드의 시장 및 가맹현황

1. 시장 현황

한국 프랜차이즈 피자의 역사는 1985년 시작됐다. 피자헛이 서울 용산구 이태원동에 1호점을 내면서부터다. 당시에는 피자라는 음식이 보편화되기 이전이라 '서양 빈대떡' 이란 소문을 듣고 피자가게를 찾았다가 낭패 보는 사람도 많았다. "김치나 단무지를 달라" 는 요구도 빗발쳤다. 그런 피자가 30여년의 세월 동안 많이 달라졌다. 치킨만큼 친숙한 외식 메뉴가 된 것이다. 브랜드는 103개까지 급증했다. 지난 2017년 기준 전국 피자 프랜차이즈 매장(직영점 제외)만 6015개. 한정된 상권을 놓고 치열한 경쟁이 벌어지다 보니 폐업도 잦다. '누구나 즐겨 먹으니까' 란 안일한 생각에 피자집을 차렸다가 '쪽박' 차기 십상이다.

1) 배달형 매장, 평균 매출 높아

공정거래위원회은 예비 창업자들이 합리적으로 피자 프랜차이즈를 선택할 수 있도록 '피자 10개 프랜차이즈 브랜드의 주요 정보 비교분석' 자료를 2016년 12월 발표해 활용하도록 했다. 그러나 예비 창업자들이 가장 궁금해 하는 건 '돈을 얼마나 잘 벌 수 있는지' 다.

이를 뒷받침 할 수 있는 지표는 가맹점당 평균 매출이다. 지표를 보면 2015년 가맹점당 평균 매출이 가장 많은 곳은 도미노피자로 7억 4876만원이었다. 도미노피자는 가맹점이 100% 배달형 매장으로만 이뤄져있어 피자값을 합리적으로 책정할 수 있다.

그 뒤를 이어 피자헛(4억8175만원)과 미스터피자(4억5247만원) 등 대형 브랜드를 제치고 2위를 차지한 브랜드는 피자알볼로였다. 가맹점 평균 매출이 5억 2146만원으로 2014년 대비 2015년 가맹점 증가율은 피자알볼로가 26.3%로 가장 높았다. 이 브랜드는 수제피자 전문점이기 때문에 냉동 냉장 재료를 쓰지 않고 반죽도 천연효모를 사용한다. 수제피자가 인기를 끌면서 가맹점 증가율이 가장 높았던 것 같다. 이는 대량생산이 어렵고 피자를 만들 때 손이 많이 간다는 점을 가맹점주가 감안해야 한다는 점에서 대량 수익을 기대하는데 한계가 있다.

특히 우리나라 피자시장은 BIG 3브랜드를 중심으로 성숙기를 맞이하고 있으며, 1조 원대로 규모가 커진 국내 피자업계는 2017년 한 해에도 독특하고 다양한 신제품들이 쏟아져 나와 각축전을 벌였다. 또 저렴한 가격을 무기로 내세운 중소 피자 업체들과 저가 피자 업체들이 대거 등장, 대규모 프랜차이즈 업체들도 각종 제휴 할인 프로모션을 진행하는 등 가격경쟁 역시 치열했다.

이렇듯 경쟁이 극심해지고 피자시장 자체의 저변이 확대됨에 따라 이미 포화상태인 수도권 중심 상권을 벗어나 지방 중소도시로의 출점이 적극 추진되기도 했다.

Dine-in, Delivery 시장의 비중이 3:7에 이를 정도로 배달고객수요가 급증하면서 피자업체들은 2017~18년도 피자업계의 화두를 '배달시장의 성장' 으로 꼽고 있다.

또한 피자 시장의 경쟁이 갈수록 치열해지고 있는 환경에서 피자헛, 도미노피자, 미스터피자 등 피자 시장을 이끄는 상위 업체뿐만 아니라 피자에땅, 파파존스, 빨간모자 등 후발주자들의 시장 참여도 활발하다.

매년 지속적인 성장을 거듭하고 있는 피자 시장은 2017년 2.5%에서 33.3%에 이르는 성장세를 이어갔다.

최근 피자 시장의 최대 이슈는 기존의 제품 틀을 깨버린 신제품의 출시이다. 경기 침체로 인한 소비 심리 위축으로 전체 피자 시장이 위축된 가운데 저가 브랜드의 공세로 브랜드 피자 시장이 다소 침체되자 주요 피자 브랜드는 기존의 피자를 뛰어넘는 새로운 재료, 맛, 형태의 신제품을 개발하고 나섰다.

신제품뿐만 아니라 저가 브랜드의 공세에 브랜드 피자 시장이 온라인 주문을 필수로 하고 있으며 보다 쉽고 빠르게 주문할 수 있고 예약과 주문 상태를 확인할 수 있도록 하여, 계속해서 피자 시장은 발전해나가고 있다.

2) 브랜드 사용료 월 매출의 6%

프랜차이즈 가맹점의 평균 매출이 많다고 창업자 수중에 돈이 많이 떨어지는 건 아니다. 매장 면적이 클수록 매출이 많이 나올 가능성은 높은데, 반대로 인테리어 등의 비용은 커지기 때문이다. (한국경제. 2016. 12. 27)

면적 100㎡ 이하 매장을 낼 때 최초가맹금, 인테리어비용, 집기구입비 등을 포함한 '초기 창업비용' 이 가장 많은 곳은 피자헛(83㎡기준)으로 2억3748만원이고, 도미노피자(82.5㎡)는 2억3037만원으로 2위였다. 오구피자(5401만원), 피자나라치킨공주(5795만원), 피자마루(6865만원) 등은 초기 비용이 상대적으로 적다. 이들 매장 면적은 유명 브랜드의 40% 수준인 33㎡가 대부분이다.

100㎡ 이상 매장만 놓고 보면 피자헛 레스토랑(198㎡)의 초기 비용이 4억6652만원으로 가장 많다. 미스터피자(132.2㎡)도 2억6935만원에 달한다.

일부 프랜차이즈 매장은 영업중에도 수시로 본사에 비용을 내야

한다. '영업표지' 사용료는 피자헛과 도미노피자가 가맹점 월매출의 6%, 미스터피자는 5%, 뽕뜨락피자는 월 11만원이다. 피자헛 본사는 광고판촉비로 가맹점 월 매출의 5%, 도미노피자는 4.5%, 미스터피자는 4%를 받는다. 피자에땅과 피자마루는 원재료 구입량에 따라 변동된다.

〈표3〉 2015년 피자 프랜차이즈 브랜드별 현황

(단위:만원, 개)

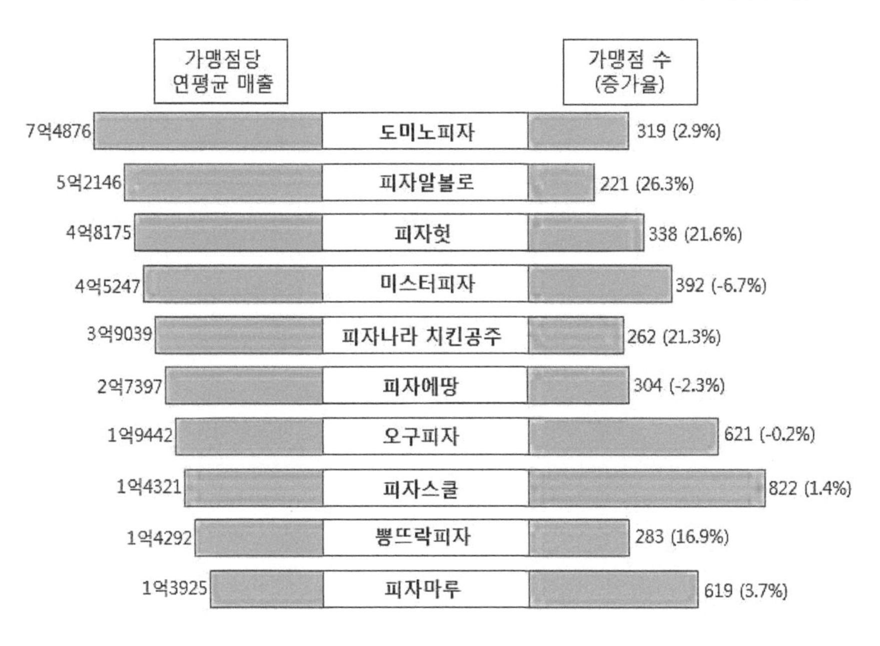

자료: 공정거래조정원 *매출은 면적 고려 안 했음. 피자스쿨은 서울·경기 기준, 2015.

3) 오구피자 재무상태 가장 안정적

피자브랜드의 경쟁이 심화되면서 프랜차이즈 본사의 재무상태에 대한 중요성 또한 커지고 있다.

창업 전문가들은 본사의 재무상황을 꼼꼼히 살펴야 할 것을 지적한다. 본사가 망하면 프랜차이즈 매장이 원료 등을 안정적으로 공급받지 못할 가능성이 크기 때문에, 인지도가 높은 브랜드를 선호하는 것 또한 안정성 때문이다. 피자 프랜차이즈 본사의 재무상태가 가장 안정적인 곳은 오구피자다. 부채비율이 13.3%로 가장 낮고 자기자본비율은 88.1%로 가장 높다. 본사 기준 매출 대비 영업이익률이 가장 높은 곳은 피자마루로 60.8%에 달했다. 피자알볼로 본사는 자기자본순이익률이 54.6%로 1위였다.

회사 성장 속도가 가장 빠른 곳은 피자알볼로로 2014년 대비 2015년 자산 증가율이 116.0%에 달했다.

매출 증가율은 피자스쿨(서울,경기 영업 98.0%), 영업이익 증가율은 피자나라치킨공주(166.5%)가 1위를 차지해 각 부문별 다소 차이가 있음을 알 수 있다.

4) 화덕피자 주춤, 딥디쉬 피자 상승세

(1) 불황 극복 대책 활발, 성장률은 큰 차이 없어

피자업계는 장기 불황으로 진퇴양난에 빠졌다. 이를 극복하기 위한 대책으로 다양한 이벤트와 프로모션 행사를 추진하고 신메뉴 출시와 본격적인 해외진출을 시도하고 있다. 특히 매출 상승효과를 보지 못한 부진을 극복하고자하는 활발한 움직임이 눈에 띈다.

매장수 부문에서는 ㈜MPK그룹의 미스터피자가 국내 매장수 435개로 여전히 1위를 차지하고, 도미노피자가 405개, 뽕뜨락피자가 354개, 피자헛이 350개로 뒤를 잇고 있다. 몇 년간 비슷한 실적을 올리고 있는 이들 기업은 엎치락뒤치락 선두경쟁을 하고 있는 실정이지만, 2009년 론칭한 뽕뜨락피자가 2013년 282개였던 점포수를 한 해만에 354개로 72개 증가한 수치를 보여주며 빠른 성장률을 보이고 있어 눈길을 끌고 있다. 한편 브랜드 가치 평가 전문기관인 브랜드스탁이 발표한 피자 브랜드 가치 평가지수(브랜드 주가지수와 소비자 조사지수를 합한 값) 순위에서는 미스터피자가 1위를 차지했다. 이어 도미노피자, 피자헛, 파파존스 순으로 나타났다.

(2) 내수시장 위기 극복을 위한 해외진출 본격화

업계는 활발한 해외진출로 불황을 극복하고 있는데, 2014년 중국 내 29개 점포로 출발한 미스터피자는 완다, 골든이글 등 대형쇼핑몰의 러브콜을 받으며 지난 2015년 말 중국 내 점포수를 66호점까지 달성했다. 또한 미스터피자 상해법인의 경우 설립 3년 만인 지난 2015년 11월 흑자전환에 성공하며 2013년 대비 260% 늘어난 매출을 올림으로써 중국 사업에 자신감을 얻게 됐다. 아울러 동남아시아 기업들로부터도 러브콜이 이어져 필리핀 대형 외식업체 WCGC社와 마스터프랜차이즈 계약을 통해 2015년 4월 첫 점포를 오픈하였으며, 11월에는 말레이시아 예치그룹과도 동남아 3개국(말레이시아, 인도네시아, 싱가포르) 사업을 위한 합작법인을 설립하고 인도네시아와 싱가포르에 첫 점포를 오픈하였다.

뽕뜨락피자 역시 중국에 4개의 매장을 오픈하며 해외시장 진출에 첫걸음을 내디뎠다. 지난 2014년 중국 길림성 장춘 매화구시에 해외가맹점 1호점 오픈을 시작으로 7월까지 중국 내 4호점을 잇달아 론칭했다. 피자업계는 함께 내수시장의 위기를 극복하고 신규시장 창출을 위한 업계의 다양한 대책 마련과 국내시장 포화로 인한 해외진출의 본격화 및 제2브랜드 론칭 전략이 계속될 것으로 전망했다.

(3) '허니' 와 '치즈' 상승세, 단일 화덕피자 메뉴는 주춤

최근 외식업계의 화두는 달콤한 맛의 '허니' 와 고소한 맛의 '치즈' 였다. 이는 피자업계 전반에도 영향을 미쳐 그동안 미국식 피자를 고수했던 브랜드들이 기존 육류 토핑 위주의 무거운 메뉴에서 벗어나 허니와 치즈를 접목한 가볍고 담백한 메뉴를 출시하기 시작했다.

도미노피자에서 지난 2014년 9월 출시한 '더블치즈엣지' 피자는 진하고 풍부한 맛의 까망베르 크림치즈와 쫄깃한 식감의 스트링 치즈를 엣지 속에 꽉 채워 20~30대 젊은 여성층의 선호를 얻었으며 11월에는 4가지 프리미엄 치즈와 허니소스가 환상적인 조화를 이루는 '올댓치즈' 피자로 이목을 집중시켰다. 이러한 고객의 선호 경향은 깊고 풍부한 치즈맛을 듬뿍 느낄 수 있는 '시카고피자' 로 이어졌다. 바닥이 깊은 팬에 도우를 깔고 치즈를 가득 얹어 '딥 디쉬(Deep Dish) 피자' 라고도 불리는 시카고피자는 여러 프랜차이즈 매장이 생길 정도로 인기를 얻고 있다.

이 밖에 피자와 맥주를 함께 즐기는 '피맥' 이 대세로 떠오르며 이태원 경리단길을 중심으로 일반 외식업소뿐만 아니라 프랜차이즈 업계에서도 심상치 않은 움직임을 보이고 있다. ㈜인토외식산업에서 선보인 맥주 레스토랑 구름공방 역시 메인메뉴로 피자를 내세웠다.

이탈리아 정통의 맛을 재현하며 담백한 맛으로 한창 인기를 끌었던 화덕피자시장은 잠시 그 성장세가 주춤한 상태다. 대신 화덕피자와 파스타로 메뉴구성이 전부였던 예전과 달리 최근 화덕피자를 치킨, 족발 등과 함께 즐기는 퓨전 형태의 매장이 점차 늘어나는 추세다.

(4) 피자+맥주 환상의 조합 더피자(THE PZA)

최근 피자업계는 피맥(피자+맥주) 열풍이 거세다. 국민 야식이 돼버린 '치맥' 열풍이 피맥으로 옮겨간 것이다. 2~3년 전부터 에일맥주와 같은 수제 맥주 붐이 일면서 조각피자와 맥주, 시카고피자와 맥주 등 피자와 맥주의 다양한 조합이 인기를 끌고 있다. 또 서울 이태원을 중심으로 그동안 맛보지 못했던 여러 종류의 피자와 함께 수제 맥주를 선보이면서 그 열풍이 계속되고 있다.

컵푸드로 유명한 '지지고' 외에도 프리미엄 분식전문점 DJ cook을 론칭한 ㈜와이낫은 더피자(THE PZA)를 론칭해 '피맥' 전문브랜드로 자리매김하고 있다. 더피자는 피자와 맥주를 동시에 즐길 수 있는 스몰비어형 복합 매장으로 조각피자를 포함한 치즈피자, 페퍼로니피자, 포테이토피자 등 여러 종류의 피자를 합리적인 가격에 제공하고 있다.

㈜와이낫은 아직 피맥이라는 단어가 생소하던 해에 치킨과 맥주처럼 피자와 어울리는 조합이 무엇일까 고민 끝에 피맥이라는 메뉴를 구성한 더피자를 론칭했다. 스몰비어처럼 소규모, 소자본 창업이 지배적인 요즘, 소자본으로도 충분히 경쟁력 있는 매장을 운영할 수 있다는 것을 보여주었다.

(5) 다양한 자구책으로 경쟁력 강화

장기불황으로 위기를 맞이한 피자업계는 다양한 자구책 마련을 통해 경쟁력 강화에 나섰다. 학동로점에 피자뷔페 스타일 매장을 오픈한 뽕뜨락피자를 시작으로 미스터피자와 피자헛이 각각 '런치뷔페'와 '피자 페스티벌' 을 통해 불황을 극복하고자 했다. 미스터피자는 평일 오전 11시부터 오후 2시까지 9900원에 피자와 샐러드, 음료를 무제한으로 즐길 수 있는 '런치뷔페' 행사를 진행한 바 있다.

피자헛은 프리미엄 피자와 샐러드, 음료를 마음껏 즐길 수 있는 '피자 페스티벌' 을 진행했다. 주중 점심 9900원, 주말과 저녁은 1만2900원이라는 가격에 제공해 고객들의 열띤 호응을 얻어냈다. '실속형 메뉴' 를 강화한 것도 눈여겨볼 만하다. 피자헛에서 최근 '더(The) 맛있는 피자' 4종을 출시한 것도 그 일환이다. 1판 주문 시 1만2900원, 방문 포장 및 2판을 주문할 경우에는 한 판에 9900

원이라는 파격적인 가격으로 피자를 제공하고 있다.

이 밖에 불황을 극복하기 위한 방안으로 고객과의 소통을 늘리기 위한 온라인 마케팅도 강화하고 있다. 도미노피자는 역시 다양한 소셜 미디어 전략을 통해 고객과의 접점을 확대하고 소비자 중심의 커뮤니케이션으로 소통을 이어나가고 있다.

(6) ㈜웰빙을 만드는 사람들 뽕뜨락피자 다양한 방식의 마케팅으로 승승장구

뽕뜨락피자는 중국시장에 성공적으로 진출함과 동시에 브랜드스토리를 담은 PPL을 통한 비약적인 매출 신장을 이뤘다. 공중파 드라마 PPL이 3번 연속 흥행하며 2009년 브랜드 론칭 당시 15개였던 가맹점 수가 350여 개까지 증가하는 결과를 가져왔다. 아울러 제작지원 드라마 방영 시 포털사이트 실시간 검색어 1위에 올라 브랜드 인지도가 급등했으며 신메뉴로 출시한 '볶음김치불고기' 의 경우에는 드라마 PPL 효과로 뽕뜨락피자 히트메뉴 반열에 오르는 기염을 토하기도 했다.

다양한 변화를 시도한 점도 눈길을 끈다. 피자뷔페 스타일의 학동로점을 오픈했으며 젊은층을 고려한 '피자버거' 를 출시했다. 연말연시를 겨냥해 두툼한 시카고피자 스타일의 '피자케이크' 도 선보인바 있다. 체계적인 가맹점 관리와 창업 지원 활동도 꾸준히 진행 중이다. 청년 창업의 꿈을 지원하는 창업 오디션 '피자 창업의 福'을 기획·진행한 바 있는데, 총 28명의 대상자에게 총 20억 원 규모의 창업 지원 비용을 제공해 가맹점주들의 신뢰를 얻었다.

〈표4〉 브랜드 가치 순위

순위	브랜드	DSTI (1000점)	브랜드 주가지수 (700점)	소비자 조사지수 (300점)	항목별 소비자조사 지수(100점)				
					인지	호감	신뢰	만족	구매 의도
1	미스터 피자	864.14 ▼0	612.9	251.2	86.4	81.4	82.2	85	83.7
2	도미노 피자	763.39 ▲3	527.6	235.8	80.9	77.5	77.3	79.6	77.7
3	피자헛	734.07 ▲1	487.9	246.2	83.8	80.8	81.2	82.2	82.3
4	파파 존스	472.66 ▼3	263	209.6	71.9	69.8	68.7	69.6	69.4

*자료 : 브랜드스탁(2015년 1월 19일 기준) www.brandstock.co.kr

(7) ㈜ALVOLO F&C 피자알볼로 가파른 성장세로 인한 어려움, 적극적 해결

피자 프랜차이즈 전문업체 피자알볼로는 2013년 122개의 점포수에서 2015년 68개 증가한 190개의 점포수를 확보했다. 2년 연속 중소기업청 주관 '우수프랜차이즈' 로 선정된 바 있는 피자알볼로는 지난 2014년 논산 도우공장을 설립했으며 190개 가맹점 오픈과 동시에 본사 확장 이전을 하고 주문형 콜센터를 오픈했다. 2종의 신메뉴도 출시했다. 피자 한 판에 4가지 맛을 담아, 보는 재미와 먹는 재미를 더한 '꿈을피자' , 매장에서 직접 볶아 사용하는 육즙이 풍부한 호주산 생목심 불고기와 해남산 고구마를 주재료로 만든 '스위트生불고구마피자' 다.

피자알볼로는 최근 가장 큰 어려움으로 가파른 성장세로 인한 점주들과의 소통 문제를 꼽았다. 따라서 기성점주와 신규점주간의 밸런스를 맞추기 위해 가맹본부와 가맹점과의 컨퍼런스를 개최해 이러한 문제를 해결토록 했다.

한편 피자알볼로는 여의도 국회 도서관에서 진행된 '2014 대한민국 세종대왕 나눔봉사 대상' 에서 '세종대왕 나눔봉사 대상' 과 '국회 농림축산식품해양수산위원회 지역사회발전상' 을 받은 바 있다.

(8) ㈜진산 코퍼레이션 루나리치 홍보마케팅 강화 및 재방문 유치 이벤트에 중점

화덕피자전문 프랜차이즈 루나리치는 신규매장 5곳을 오픈하며 총 30개의 점포수를 기록했다. 루나리치는 위축된 소비심리를 회복하고자 활발한 움직임을 보였다. '루나리치 신메뉴 평가단 운영' 을 시작으로 SNS, 루나리치아카데미 블로그와 카페 등 홍보마케팅을 강화했으며 고객 재방문 유치를 위한 마케팅 활성화에도 중점을 뒀다. 한편 루나리치는 신규브랜드 론칭, 가맹사업 활성화에 목표를 두고 있다.

㈜진산 코퍼레이션은 앞으로 화덕피자시장은 화덕피자와 중식, 한식 등 타 외식업계의 컬래버레이션이 활성화될 것으로 전망하고 최근 트렌드인 치즈토핑이 강화되는 것 이외에도 3~4가지 아이템을 통한 신메뉴가 꾸준히 등장할 것으로 보인다.

(9) ㈜지엘라온 뚜띠쿠치나 본격적 가맹 사업 추진 및 활발한 사업 계획

화덕피자와 파스타전문점 뚜띠쿠치나는 지난 2014년 9개의 점포수를 기록하며 2013년에 비해 2개 매장을 추가로 오픈했다. 뚜띠쿠치나는 중소기업청 및 소상공인 진흥공단 선정 가맹점 상생 본사 부문에서 우수브랜드를 수상했으며 직원서비스, 직원정신 교육, 가맹점 간담회 등 가맹점과의 커뮤니케이션 강화를 위한 내부 시스템을 구축한 바 있다.

뚜띠쿠치나는 본격적인 가맹 사업 추진과 함께 보다 활발한 사업을 펼쳤다. 화덕피자의 특성상 예비창업자들의 투자규모가 크다는 단점을 보완, 다운사이징 매장도 개발하였으며 브런치와 파스타를 판매하는 제2브랜드 론칭도 계획하였다. 아울러 잉글리쉬 키즈 쿠킹 클래스 및 주부대상 취미클래스 등의 쿠킹클래스와 직영점에 한해 인테리어 및 익스테리어 리뉴얼도 진행했다.

㈜지엘라온은 화덕피자에 대한 고객들의 니즈가 지속적으로 증가할 것으로 보고 대형 피자 브랜드와의 경쟁을 피하면서 나름의 영역을 구축한 것이 주효했다. 따라서 화덕피자 분야에서 절대 강자가 없는 만큼 뚜띠쿠치나가 상위권 브랜드로 도약할 수 있는 기반을 마련한 것이다.

(10) ㈜서울랜드 캘리포니아 피자 키친 광범위한 제휴를 통한 경쟁력 강화

㈜서울랜드의 캘리포니아 피자 키친은 2013년 4개의 점포수에 비해 지난 2014년 2군데 더 늘어난 6개의 점포수를 기록했다. 특히

지난 2014년 국내 오픈 7주년을 맞은 캘리포니아 피자 키친은 2014년 11월에 6호점으로 잠실롯데 월드몰점을 오픈한 바 있다.

캘리포니아 피자 키친은 지난 2014년 미국육류협회, 썬키스트 코리아 등 각종 협회와의 제휴 활동을 통한 컬래버레이션 신메뉴를 출시한 바 있다. 이 중 눈길을 끄는 것은 미국육류협회와 제휴해 완성한 신메뉴 5종으로 '목살스테이크 피자', '김치 멕사딜라', '스파이시 미트크림 파스타', '크리스피 포크 까르보나라', '캘리포니아 스테이크 샐러드'다.

고객과의 접점을 위해 멤버십 애플리케이션도 론칭했으며 멤버십 애플리케이션에 가입하면 5000원 할인 쿠폰을 제공, 해당 애플리케이션으로 포인트 적립과 기념일 혜택 등을 얻을 수 있어 고객들의 만족도를 높이는 결과를 가져왔다.

㈜서울랜드 캘리포니아 피자 키친 사업부는 향후 캘리포니아 피자 키친은 미국 브랜드들과의 광범위한 제휴를 통해 저변을 넓힐 계획으로 있으며 미국산 식재료를 이용한 신메뉴 개발을 통해 캘리포니아 피자 키친만의 경쟁력도 강화해 나가고 있다.

(11) ㈜피째리아시카고 오리지날 시카고 독보적 이미지를 지닌 오리지널 시카고 피자

지난 2014년 4월 론칭한 오리지날 시카고(ORIGINAL CHICAGO)는 SNS와 입소문을 타고 상승세를 달리는 시카고 피자 브랜드다. 홍대 본점을 오픈한 지 3개월이 채 되지 않아 이태원 직영점을 설립했으며 지난 2014년 강남 가맹 1호점을 오픈시키는 등 사업을 발 빠르게 확장하고 있다. 이를 통해 론칭한 지 8개월 만에 총 3개의 매장을 오픈하는 성과를 거뒀다.

시카고는 지난 2014년 외식업계에 '치즈' 열풍이 일면서 더욱 주목받게 됐다. 바닥이 깊은 팬에 도우를 깔고 그 위에 치즈를 가득 올려 즐기는 시카고 피자는 진한 토마토소스와 모차렐라 치즈가 어우러진 깊은 맛을 자랑해 20~30대 젊은층에게 많은 사랑을 받았다.

특히 피자를 통나무 피자 받침대 위에 올려 제공하는 독특한 모습은 꾸준한 인기와 동시에 브랜드만의 상징성을 얻는데 결정적인 역할을 했다. ㈜피째리아시카고는 전국 주요 지역에 점진적으로 가맹점을 늘려나가고 있는데 무엇보다 가맹점주가 본사와 함께 상생할 수 있는 브랜드로 발전시키는 것이 목표이며 제2브랜드 론칭으로 시카고의 중국진출을 목표로 활발히 전개중이다.

5) 국내 피자 브랜드의 소비자 선호도

한국소비자원(www.kca.go.kr)에서 선호도가 높은 대형프랜차이즈 브랜드 4개(▲도미노피자 ▲미스터피자 ▲파파존스피자 ▲피자헛)와 중소형프랜차이즈 브랜드 7개(▲오구쌀피자 ▲임실엔치즈피자 ▲피자나라치킨공주 ▲피자마루 ▲피자스쿨 ▲피자알볼로 ▲피자에땅) 그리고 대형마트 브랜드 3개(▲롯데마트 ▲이마트 ▲홈플러스)등 총 14개 브랜드를 대상으로 나트륨, 포화지방 등 영양 성분과 표시 실태, 안정성, 가격 등을 2015년 9월 시험 평가했는데 그 내용을 보면 다음과 같다.

대상 브랜드는 국내 가맹점 수 상위 20위 브랜드 중 공정거래위원회 가맹사업거래 정보공개 및 소비자 설문조사를 토대로 선호도가 높은 브랜드를 선택했으며 시험 평가는 14개 브랜드가 공통으로 판매하는 소비자 선호도 1위인 슈퍼슈프림(콤비네이선)피자 1조각(150g)으로 진행했다.

주요 항목으로는 영양성분(브랜드별 나트륨, 포화지방 등 함량 비교와 식사대용으로서의 영영 성분 구성) 표시실태(중량 및 영양 성분 등 표시) 안정성(벤조피렌, 납, 카드뮴, 나타마이신 등 안정성) 가격(브랜드별 가격비교) 등이었다.

영양성분을 살펴보면 '나트륨함량' 은 평균 655.78mg이었으며 피자에땅(524.99mg)이 가장 낮았고 도미노피자는 '포화지방함량' (5.04g) '지방함량' (11.7g) '열량' (329.7kal) '탄수화물함량' (40.7g) 등에서 가장 낮은 수치를 보였으며 피자알볼로가 '지방함량' (11.7g) '콜레스테롤함량' (18.21mg) '단백질함량' (15.2g)에서 가장 낮은 수치를 보였다. 피자은 '당류함량' (2.9g)이 낮았으며 '트랜스지방 함량' 은 최대 0.03g으로 표시되어 전브랜드가 불검출로 나타났다. 참고로 '식품 등의 표시기준' 에 의하면 0.2g 미만은 '0' 으로 표시할 수 있다.

중량표시의 경우 조사대상 14개 브랜드 중 중량을 표시한 8개 브랜드의 실제측정량은 표시량 대비 77.3~95.2%로 나타나 표시대비 양이 적었다. 의무 표시항목은 아니지만 ▲도미노피자 ▲미스터피자 ▲피자헛 ▲임실엔치즈피자 ▲피자마루 ▲피자스쿨 ▲피자에땅 ▲롯데마트가 자율적으로 중량을 표시하고 있는 것으로 나타났다.

영양성분 표시 실태에 있어서 영양성분을 표시한 12개 브랜드 중 6개 브랜드 제품에 표시된 5가지 영양성분의 실제 측정값이 표시량 대비 149~717.1%로 차이가 컸다.

안정성에서는 벤조피렌과 납, 나타마이신은 전 브랜드에서 검출되지 않았으며 카드뮴의 경우 불검출 또는 0.01mg/kg 수준으로 검출

되어 안전한 것으로 나타났다.

한국소비자원은 각 브랜드에 소비자가 주문한 메뉴의 영양성분을 쉽게 파악하고 활용할 수 있도록 하기 위해 해당사항을 피자박스 윗면에 표시하는 방향으로 개선하도록 권고했다.

마지막으로 각 항목에 대한 결과를 공개했는데 그 순서는 대형, 중소형, 대형마트 순이며 가나다순으로 정리되었다.

2. 가맹현황

우리에게 피자가 언제부터 익숙한 음식이 되었을까? 피자 레스토랑의 선두주자라고 할 수 있는 〈피자헛〉 1호점인 이태원점이 1985년, 〈미스터피자〉 1호점인 이대점과 〈도미노피자〉 1호점은 오금점이 각각 1990년에 오픈했으니 그 역사는 30년이 넘었다.

이렇게 오랜 시간 한결같이 사랑받은 메뉴인만큼 프랜차이즈 업계에서도 피자 브랜드는 두 손으로 꼽을 수 없을 정도다. 제대로 된 레시피만 있다면 맛을 내기 어렵지 않은 서양 음식이라는 점도 프랜차이즈 브랜드 발달에 한 몫 할 수 있었다.

하지만 이제 피자를 먹을 수 있는 곳은 피자 전문점만이 아니라는 점에서 브랜드 발달에 한계가 있어 보인다. 대형 브랜드들이 예전 같지 않은 것도 사실이다.

게다가 피자 매장이나 이탈리아레스토랑 외에 이제 퓨전 메뉴라는 이름으로 카페나 일반 레스토랑, 심지어 대형 유통업체에서조차 흔히 볼 수 있는 메뉴가 됐다. 여기에 냉동피자까지 더한다면 과연 피자가 더 들어갈 여지가 있을지 의문이 생길 정도다.

하지만 피자는 아직도 최고의 간식 그리고 최고의 외식 메뉴로 꼽힌다. 이탈리아 음식답게 맛뿐만 아니라 비주얼과 분위기까지 좋기 때문이다. 게다가 배달 전문 브랜드 등에서는 저렴한 가격에 푸짐한 양까지 보장하니 사랑받지 않을 수 없을 정도다.

지금까지 그래왔던 것처럼 고객의 입맛과 트렌드를 따른다면 롱런하는 다른 메뉴처럼 앞으로도 고객의 사랑을 받을 것이 분명하다.

피자 전문점은 치킨만큼 수요층이 탄탄한 창업아이템으로 프랜차이즈부터 개인 피자 전문점까지 다양한 형태의 매장이 존재한다. 최근 홀 판매뿐만 아니라 테이크아웃과 배달 서비스가 강화되고 모바일 주문 시스템이 널리 상용되면서 경쟁이 더욱 치열해지고 있다.

공정거래위원회는 지난 2015년 발표한 가맹점 규모를 비교한 자료를 보면 ▲피자스쿨 ▲오구피자 ▲피자마루 ▲미스터피자 ▲피자헛 ▲도미노피자 ▲피자에땅 ▲뽕뜨락피자 ▲피자나라치킨공주 ▲

피자알볼로 등 2015년 가맹점수 기준으로 상위 10개 브랜드가 선정됐다.

1) 피자 프랜차이즈 가맹사업 현황

공정위에 등록된 가맹본부의 정보공개서를 통해 국내 프랜차이즈 시장을 파악한 결과, 2015년 말 총 5,165개의 브랜드가 프랜차이즈 사업을 영위하는 가운데, 외식업종 브랜드는 3,953개(76.5%)에 달했다. 그 중 피자 업종은 103개 브랜드(2%)로 6,015개의 가맹점과 264개의 직영점이 운영되고 있다.

가맹사업의 일반 현황에 있어서도 2015년 기준으로 가맹점수, 가맹점 증가율, 가맹점 연 평균 매출액 등을 비교 분석한 결과, 가맹점수는 '피자스쿨' (822개)이 가장 많았고, 가맹점 증가율은 '피자알볼로' (26.3%)가 가장 높았다.

'뽕뜨락피자' 는 가장 높은 가맹점 신규 개점률(21.7%)과 폐점률(8.7%)을 보였다. 가맹점 연 평균 매출액은 약 7억 4,876만 원으로 '도미노피자' 가 가장 높게 나타났다.

〈표5〉 피자 3사 원재료가 대비 비교

(단위: 원)

평균 원재료가 (페퍼로니피자 라지 사이즈 기준)	6480원	
브랜드별 100g당 가격	피자헛	3315
	미스터피자	3102
	도미노피자	2782
	피자에땅	1879
	오구피자	1569
	피자마루	1338
	피자스쿨	1174

자료 : 한국소비자단체협의회(2016).

2) 가맹점사업자의 부담금 현황

가맹점사업자가 가맹본부에게 지급하는 비용, 통상 '창업비용' 은 영업 개시 이전과 영업 중으로 나눌 수 있다. 영업 개시 이전 부담금에는 가맹금과 교육비, 보증금과 인테리어 비용 등이 포함되고, 영업 중 부담금에는 영업표지 사용료(로열티)와 판촉비, 교육비 등이 포함된다. 영업 개시 이전 부담금을 살펴보면, '피자헛' 의 홀 판매 위주의 레스토랑형 매장이 198㎡ 기준으로 가맹금과 교육비, 보증금, 인테리어, 설비 및 집기 등 비용을 합쳐 총 4억 6,652만 원으로 가장 높은 창업비용을 나타냈다. 면적 100㎡ 기준의 배달 매장의 경우, '피자헛' 과 '도미노피자' 의 창업비용이 약 2억 3,000만 원으로 가장 높았다. 영업 중 부담금의 경우, 로열티는 '피자헛' 과 '도미노피자' 가 가맹점 월 매출의 6%, '미스터피자' 가 5%, '뽕뜨락피자' 가 월 11만 원을 부담하도록 하고 있다. 광고 판촉비는 '피자헛' 이 월 매출의 5%, '도미노피자' 4.5%, '미스터피자' 4%이며, '피자에땅' 과 '피자마루' 는 원재료 구입량에 따라 변동된다.

〈표6〉 피자 프랜차이즈 브랜드별 가맹금 및 기타 창업 비용

(단위: 개, %, 천원)

브랜드	최초가맹금 (가맹금, 교육비, 보증금 등)	인테리어 비용	기타비용 (집기, 설비, POS구입비 등)	합계	기준 면적 (㎡)	3.3㎡당 인테리어 비용*
피자스쿨 (㈜피자스쿨)	7,260	20,000	36,240	63,500	33	2,000
피자스쿨 (㈜씨에이치 컴퍼니)	6,600	24,750	34,400	65,750	33	2,475

오구피자	5,500		22,000	26,510	54,010	33	2,200
피자마루	11,800		19,140	37,708	68,648	39.6	1,595
미스터피자	45,750**		138,600	85,000	269,350**	132.2	3,465
피자헛	배달	$24,600 +22,500	65,000	121,910	$24,600 +209,410	83	2,600
	레스토랑	$49,100 +32,500	195,000	183,000	$49,100 +410,500	198	3,250
	EXPRESS	$24,600 +22,500	74,000	82,565	$24,600 +179,065	100	2,467
도미노피자	40,200		62,000	128,170	230,370	82.5	2,480
피자에땅	19,300		24,750	64,730	108,780	49.5	1,650
뽕뜨락피자	16,200		28,600	39,100	83,900	33	2,860
피자나라치킨공주	5,050		15,400	37,500	57,950	33	1,540
피자알볼로	22,000		42,350	63,250	127,600	66	2,118

* 내부 인테리어 설치에 소요되는 비용만 산정함

** '미스터피자' 의 경우 다이닝 형태 매장은 보증금 1,000만원 추가

자료 : 창업경영신문, (2016).

영업 활동에 대한 조건 및 제한을 보면 가맹 계약 조건 중 '계약 기간' 과 '영업 지역' 등 중요 사항을 비교한 결과, 계약 기간은 '피자헛' 이 최초 계약 기간 및 갱신 기간이 5년으로 가장 길고, 다른 브랜드들은 대부분 1년~3년으로 이루어진다. 영업 지역의 경

우, 대부분 가맹점 반경 200m~1,500m로 설정되며 그 외 브랜드들은 지역의 세대 수 및 인구수를 기준으로 설정한다.

3) 가맹본부 현황

2015년 기준으로 전체 사업에 대한 재무 분석을 통해 가맹본부의 ▲성장성 ▲안정성 ▲수익성을 위주로 분석한 결과, 성장성 측면에서는 '피자알볼로' (116%)가 가장 높은 성장을 보였다. 매출액 증가율은 '피자스쿨' (98%)이, 영업 이익 증가율은 '피자나라치킨공주' (166.5%)가 가장 높았다. 안정성을 살펴보면, '오구피자' 가 가장 낮은 부채비율(13.3%)과 가장 높은 자본비율(88.1%)를 보였다. 수익성의 경우, '피자마루' 가 영업이익율(60.8%)과 매출액순이익률(48.2%)에서 가장 높았고, '피자알볼로' 는 자기자본 순이익률(54.6%)이 가장 크게 나타났다.

피자 전문점은 프랜차이즈뿐만 아니라 개인 피자 전문점까지 많은 수의 업체들이 경쟁을 하고 있기 때문에 가맹본부의 현황을 파악하고 창업 이전은 물론 운영에 있어 어떤 지원들이 있는지에 대한 면밀한 검토가 필요하다. 최근 배달 서비스가 강화되면서 마케팅과 영업의 중요성이 강조되고 있는 만큼, 본사의 마케팅 활동과 판매 전략등도 반드시 확인해야 한다.

〈표 7〉 2015년 가맹본부별 재무 분석(재무 비율 최상위 브랜드)

항목	성장성			안정성		수익성		
	자산증가율	매출액증가율	영업이익증가율	부채비율	자본비율	영업이익률	매출액순이익률	자기자본순이익률
브랜드	㈜알볼로에프엔씨	㈜피자스쿨	㈜리치빔	㈜오구본가		㈜푸드죤		㈜알볼로에프엔씨
재무비율	116.0%	98.0%	166.5%	13.3%	88.1%	60.8%	48.2%	54.6%

자료 : 창업경영신문(www.sbiznews.com), (2016).

공정거래조정원이 지난 2016년 12월 26일 10개 피자 브랜드의 가맹본부의 일반 현황과 가맹사업 관련 정보를 담은 '프랜차이즈 비교정보' 를 발표했다.

비교 항목으로는 가맹본부 일반 현황(가맹사업년수, 지식 재산권 보유 현황, 재무 현황 등)과 가맹본부 및 임원의 법 위반 사실, 가맹사업 현황(가맹점수 관련 현황, 가맹점사업자 매출 현황), 가맹점사업자의 부담(영업개시 이전, 영업 중, 가맹점 양수 시 부담 등), 영업 활동에 대한 조건 및 제한(영업지역 설정 기준, 계약 기간 등)의 5개의 항목을 기준으로 10개 브랜드를 비교분석한 것이다. 2015년

공정거래위원회의 정보공개서에 따르면 〈피자스쿨〉, 〈오구피자〉, 〈피자마루〉, 〈미스터피자〉, 〈피자헛〉, 〈도미노피자〉, 〈피자에땅〉, 〈뽕뜨락피자〉, 〈피자나라치킨공주〉, 〈피자알볼로〉가 상위 10개 브랜드로 산출됐다.

프랜차이즈 시장, 피자 업종은 103개 브랜드로 총 프랜차이즈 브랜드의 2%로 가맹점 5015개와 직영점 264개다.

〈표8〉 국내 피자 업종 프랜차이즈 현황

(단위: 개, 2016.12.25. 현재, 외국계 가맹본부 제외)

구분	브랜드수(비율)	가맹점수(비율)	직영점수(비율)
전체 업종	5,165	217,637	16,445
외식 업종	3,953(76,5%)	105,937(48.7%)	5,468(33.2%)
도소매 업종	296(5.7%)	44,837(20.6%)	7,166(43.6%)
서비스 업종	916(17.8%)	66,863(30.7%)	3,811(23.2%)
피자 업종	103(2.0%)	6,015(2.8%)	264(1.6%)

2015년 기준 피자 브랜드의 가맹점 수, 가맹점 증감 추이, 가맹점 연 평균 매출액 등을 비교·분석한 결과 가맹점 수는 822개로 〈피자스쿨〉이 가장 많았다. 반면에 가맹점 증가율은 〈피자알볼로〉가 26.3%로 가장 높고, 〈뽕뜨락피자〉의 가맹점 신규 개점 21.9%, 폐점률 8.7%로 가장 높게 나타났으며, 〈도미노피자〉 가맹점의 연 평균 매출액이 약 7억 4876만 원으로 가장 높게 나타났다.

〈표9〉 2015년 피자 프랜차이즈 브랜드별 가맹점수 및 가맹점사업자 연 평균 매출액

(단위: 개, %, 천원)

브랜드	가맹점 수	가맹점 증가율	가맹점 신규 개점률	가맹점 폐점률	가맹점 연평균 매출액	매출액 산정방식**
피자스쿨(㈜피자스쿨)	529	1.3	4.9	3.6	143,206	
피자스쿨(㈜씨에이치컴퍼니)	293	1.4	3.0	1.7	143,576	
소 계	822	1.4	4.3	3.0		
오구피자	621	△0.2	5.3	5.5	194,422	
피자마루	619	3.7	6.7	3.3	139,254	
미스터피자	392	△6.7	0.9	7.5	452,467	POS
피자헛	338	21.6	21.0	4.0	481,746	POS
도미노피자	319	2.9	4.0	1.2	748,764	POS
피자에땅	304	△2.3	3.1	5.3	273,965	
뽕뜨락피자	283	16.9	21.9	8.7	142,920	
피자나라치킨공주	262	21.3	17.6	-	390,388	
피자알볼로	221	26.3	20.8	-	521,457	POS

* 부가세 포함 금액
** 판매시점 정보관리시스템(POS)을 통해 매출액을 파악하는 경우에만 POS라고 기재함.
자료 : 창업경영신문, (2016).

〈피자알볼로〉는 가맹점 증가율과 자산증가율이 가장 높고, 자기자본 순 이익률도 54.6%로 가장 높아 성장적인 측면과 순수익 측면으로 보면 가장 안전한 브랜드다. 또한 가맹점이 가장 많은 〈피자스쿨〉은 매출증가율 또한 높아 성장적인 측면을 고려할 때 〈피자스쿨〉도 선호할만한 브랜드로 나타났다.

반면, 〈도미노피자〉는 가맹점의 월 평균 매출액이 약 7억 4876만

원으로 가장 높지만 그에 따른 높은 유지비용과 총 창업비용이 약 2억 3000만원으로 가장 높아 브랜드력에 따른 창업과 운영비용이 높은 것으로 나타났다. 한편 〈피자나라치킨공주〉는 인테리어 비용은 약 154만원(3.3㎡)으로 가장 적게 들고, 영업 이익 증가율에서도 166.5%로 가장 높게 나타났다.

3. 마케팅 현황

1) 피자전문점의 마케팅 및 광고방법

광고는 광고주, 고객 그리고 광고대행사와 광고매체사 등 여러 당사자가 참여하여 복잡한 교환과정을 통하여 필요한 상품정보를 고객에게 제공하고 이들에게서 상품구매라는 보상을 받는 복합적인 순환과정을 필요로 하는 마케팅활동의 하나이다.

실제로 외식산업의 광고라 하면 신문, 케이블방송, 잡지나 전단광고를 통하여 식당 인테리어 전경, 맛집 멋집 등과 같은 음식상품과 분위기 소개, 그리고 판매촉진을 위한 각종 이벤트 행사를 장식하고 이를 통한 고객이 자기의 점포에 내방이 이루어지게 하는 것이 우리나라 외식업 광고 산업의 실태이기도 하다.

그나마 외식산업의 고단위 홍보 전략 등으로 신문이나 방송 등에서 기획기사로 보도되거나 방송되는 맛집 소개코너에 추천을 받아서 무료홍보 및 지역에서 향토음식점과 같은 토속적인 맛 집이라는 위상을 부각시키기도 하지만 이는 많은 대다수의 보통 업체들에게는 어려운 방법이다. 그러다 보니 외식산업의 광고 형태는 음식점 영업 특성상 인적판매, 방문 판매 또는 DM을 보내어 모객을 하여 보아도 기대에 못 미치게 되고, 신문광고라도 내어보자는 즉흥적인 생각과 광고대리점 등에서 저렴한 비용으로 광고를 실어주겠다는 영업제안에 응하여 신문광고를 내게 되거나, 개업식에 창업행사 도우미업체를 불러 가게 앞에서 요란하게 실시하는 일회성 광고 외에는 신문지 배달시 전단지를 넣는 것 밖에 달리 마케팅 행사를 할 수 없는 것이 큰 원인이다.

외식산업 중에서 피자업체의 프랜차이즈의 경우에는 그나마 조직적이고 체계적인 광고 마케팅을 할 수 있다.

먼저 대형 피자전문점의 마케팅의 큰 흐름은 3가지로 구분할 수 있다. 이는 시대 흐름에 맞는 디지털을 이용한 마케팅과 자연식재료를 이용한 건강 지향적인 마케팅과 마지막으로 배달공정을 활용한 마케팅이다.

첫 번째 시대적 상황을 이용한 마케팅은 IMF를 거치면서 애국심에 호소한 나라사랑 마케팅으로 국내 자생브랜드들은 너나할 것 없이 로열티를 내지 않는 국내 업체라는 내용을 부각시켰고 또 매장에 태극기를 달거나 유니폼에 뱃지를 달기도 하면서 매출을 증대시키던 마케팅이 점점 발전하여 이제는 매장에 방문한 손님에게 피자를 직접 만들어 볼 수 있는 기회를 주는가하면, 비가 퍼붓는 날 매장을 찾는 고객들에게 피자를 무료로 주는 등 날씨를 이용한 마케팅까지 나타났다. 그리고 시대적 화두인 IT산업의 발전으로 인하여 디지털을 활용한 마케팅이 증가 하였는데 이는 도미노와 미스터피자에서 사용하는 마케팅으로써, 20대 젊은이들의 필수품중의 하나인 휴대폰을 통하여 판매촉진을 일으키는 방법이다. 휴대폰에 판촉 및 할인쿠폰을 전송하고 휴대폰으로 결재하게 하고 다양한 이벤트 행사에 참여를 시키는 것이다. 즉 예를 들면 미스터 피자의 매장을 중심으로 반경 3km 이내에 있는 K-commerce 회원에게 인근 미스터 피자 매장에서 사용할 수 있는 할인쿠폰을 휴대폰에 전송을 보내주고, 이 휴대폰으로 결재까지 가능하도록 한 것이다. 이러한 일들은 휴대폰의 기능만큼이나 다양한 아이디어로 소비자들의 참여를 촉진시켰다.

두 번째의 마케팅은 신제품을 이용한 건강지향적인 마케팅이다. 이 마케팅은 소비자의 건강지향적인 욕구에 새로운 자극과 맛을 추구하는 신세대에게 어필하는 전략이다. 이 방식은 피자업계의 피자의 제조 기술 및 메뉴의 향상으로 나타났다. 특징있는 제조공정과 메뉴의 개발사례를 살펴보면 피자헛은 지속적인 품질과 맛을 개선해오다 피자의 모양이 사각형인 피에스타를 개발하였으며, 미스터피자는 54겹의 층으로 구분된 쫄깃하고 고소한 맛이 나는 페스트리 도우를 개발하였으며, 빨간모자에서는 식자재 원료에 단호박을 투입시켜 장년층까지의 피자 소비자층으로 확대를 도모한 것이다. 그리고 계속적으로 고구마피자, DHA피자, 포테이토 피자 등의 신제품을 개발하고 보급시킨 것이다.

마지막으로 피자의 장점인 빠른 시간에 배달하는 공정 개선 마케팅이다. 개발전략은 소비자들에게 접근하는 방식의 광고와 배달공정에서도 많은 변화를 일으키고 있는데 '원넘버 사용서비스' 가 그것이다. 주문시 사용되는 원넘버 전화서비스는 피자헛은 서울과 경기지역에 실시하고 있으며, 도미노 피자의 경우는 1588-3082 라는 번호로, 뒤에 사용되는 3082번은 30분 빨리 배달이라는 이미지를 가지고, 도미노 피자의 강점인 빠른 배달처럼 업계 최초로 전국 통일 전화번호를 사용하여 서비스를 제공하고 있다. 이러한 노력의 결과로 피자업계는 전체적으로 10%의 성장을 보였다.

이상과 같은 피자점의 매출 증대를 위한 마케팅과 광고 전략은 이미지 광고를 중심으로, 피자점을 비롯하여 전통 및 신제품 피자메뉴의 역사, 창조성, 친절한 카운터 서비스 등과 같이 포괄적인 토털광고 홍보이가 주류를 이루고 있음을 알 수 있다. 단순 매출증대를 위한 획일적인 광고방식에서 점차적으로 문화적인 이미지 제고와 같은 간접적인 광고에도 관심을 기울여, 피자를 홍보할 때는 단순 피자 자체의 판매증가를 강조하기 위한 광고보다는 디지털 시대에 맞는 시대적 흐름과 간접적인 이미지 광고와 실제적인 정보 제공 등에 Focus를 맞추어야만 차후 직접적인 매출증대와 판매 증가로 연결 될 수 있다.

2) 브랜드별 마케팅 현황

〈표10〉 외식 프랜차이즈 기업의 인터넷 마케팅 평가 체계

업종	피자헛					
마케팅 목표	메뉴고민 종결자 "와우7박스" - 7가지 메뉴가 한번에 27,900원					
채널별 목표	홈페이지	앱	블로그	카페	페이스북	트위터
	7가지 메뉴가 한번에..	와우7박스 할인메뉴	없음	없음	맛있는 피자로 가까워지다!	무료시식체험단 함께 즐기는 이들을 위한 피자 스폰서
역할	광고, 주문	프로모션, 배달			프로모션진행상황 업로드	사회공헌행사 업로드
검색 노출수			157,226	67,075	2,940,000	14,461/18,673
활성화 정도			활성화	비활성화	활성화	2014년 11월 이후 비활성화

자료 : 공정거래위원회

〈표11〉 네이버 피자 관련 검색어

네이버 연관 검색어 13개	피자헛 1+1 / 와우박스 피자헛 더맛있는피자 치즈 피자헛 와우박스 치즈많은 피자 피자 피자헛 8400원 피자헛 쿠폰 피자헛 전화번호 피자헛 크라운포켓 피자헛 배달시간 피자헛 샐러드바 가격 피자헛 크랩쉬림프 피자헛 쌀치킨	비관련 키워드 5개	미스터피자 도미노 파파존스 도미노 피자 50% 쿠폰 4월 미스터피자 50%할인 피자알볼로

〈표12〉 브랜드 키워드

검색노출수	블로그	카페
	157,226건	67,075건
블로그 내용분석	- 가격이 착하다 - 만족스러운 가격 - 푸짐한 메뉴구성 - 가격대비 푸짐 - 행사홍보 - 행사가격, 제품만족 - 맛있다 - 회사회식 푸짐 - 점포방문 만족도 별로 - 행사품 대박 좋음	- 할인카드 정보 - 점포방문 익숙하지 못함 - 30주년 행사 홍보 - 무한리필 점포방문 - 할인행사 홍보 - 점포방문 행사제품 - 30주년 행사 점포방문 - 할인행사 방문 - 홍보성 글 - 중복할인행사 불만
평가의 긍정성	가격, 양 90%	제품 30%
가장 많은 내용	프로모션 상품 90%	프로모션 상품 60%
불만	점포방문 10%	점포방문 10%
총평	· 가격과 양으로 승부를 거는 프로모션에 고객이 몰리고 있다는 결과 · 점포를 찾은 사람은 비주얼과 양에 불만	· 만족불만족을 표현하기보다 할인행사, 홍보를 기록한 카페 · 중복할인이 되지 않는 불만

〈표13〉 도미노 피자 검색 노출수

<table>
<tr><td>업종</td><td colspan="6">도미노피자</td></tr>
<tr><td>마케팅 목표</td><td colspan="6">- 합리적인 가격으로 4가지 메뉴를 푸짐하게
- 만 원의 치킨, 반값
- 신제품 광고</td></tr>
<tr><td rowspan="2">채널별 목표</td><td>홈페이지</td><td>앱</td><td>블로그</td><td>카페</td><td>페이스북</td><td>트위터</td></tr>
<tr><td>합리적인 가격</td><td>마이키친 앱 출시</td><td>신제품 소개</td><td rowspan="2">없음</td><td>신제품 소개
무료시식
제품소개</td><td>무료시식체험단</td></tr>
<tr><td>역할</td><td>광고, 주문</td><td>신제품 소개</td><td>이야기</td><td>홍보</td><td>홍보</td></tr>
<tr><td>검색 노출수</td><td></td><td></td><td>99,291</td><td>40,922</td><td>670,000</td><td>12,186/100,843</td></tr>
<tr><td>활성화 정도</td><td colspan="3">매우 활성화</td><td>비활성화</td><td colspan="2">매우 활성화</td></tr>
</table>

〈표14〉 도미노 피자 관련 검색어 키워드

네이버 연관 검색어 13개	도미노피자 50% 할인쿠폰 도미노 피자 50% 쿠폰 4월 도미노피자 트윈크레페 도미노피자 추천 트윈 크레페 피자 도미노피자 추천메뉴 트윈크레페 도미노피자 나폴리 도미노피자 갈릭스테이크 도미노피자 로제스파게티 도미노피자 나폴리도우 도미노피자 화요일 도미노피자 더블치즈엣지	비관련 키워드 5개	미스터피자 파파존스 피자알볼로 피자마루 롯데리아 피자스쿨

〈표15〉 블로그 평판

검색노출수	블로그	카페
	132,657	47,891
블로그 내용분석	- 매우 만족(신제품) - 만족(신제품) - 만족(신제품) - 매우만족 - 만족 - 마이키친 만족 - 50%할인 만족 - 만족(신제품) - 만족(블로그 유료광고) - 만족(신제품)	- 대부분의 할인쿠폰의 내용 - 카페 활성화 정도 매우 낮음
평가의 긍정성	100%	불평은 없으나 그렇다고 긍정도 없음
가장 많은 내용	신제품 80%, 광고 10%, 할인 10%	할인쿠폰의 글 80%, 단순 글 20%
불만	없음	없음
총평	· 신제품에 관련된 블로그 포스팅 대부분 · 만족도 높은 글로 도배	· 대부분 할인쿠폰에 관한 내용으로 활성화정도가 매우 미흡한 상황 · 〈도미노피자〉의 문제라기보다 네이버 카페의 활성화가 떨어지고 있는 실정으로 보임

〈표16〉 미스터피자

업종	미스터피자					
마케팅 목표	달콤하고 바삭바삭한 해쉬브라운 엣지 확대 출시 (광고하는 카테고리가 많지 않음)					
채널별 목표	홈페이지	앱	블로그	카페	페이스북	트위터
	25주년 행사	행사제품 소개	제품소개	없음	신제품 소개 무료시식 제품소개	블로그단 모집 시식단 모집
역할	광고, 주문	홍보, 주문	홍보이야기		홍보	홍보
검색 노출수			132,657	47,891	180,000	16,504/29,891
활성화 정도			활성화	활성화	활성화	비활성화

〈표17〉 브랜드 키워드

네이버 연관 검색어 12개	미스터피자 로맨틱콤보 미스터피자 런치뷔페 미스터피자 해쉬브라운 미스터피자 추천 미스터피자 러블리피스 미스터피자 홈런박스 미스터피자 쉬림프골드 미스터피자 영업시간 러블리피스 미스터피자 방문포장 할인 미스터 피자 50% 쿠폰 4월 미스터피자 샐러드바 비관련 키워드	비관련 키워드 7개	도미노피자 피자헛 도미노 피자 50% 쿠폰 4월 피자에땅 파파존스 도미노 피자알볼로

자료 : 공정거래위원회

4. 3대 선도 브랜드의 신메뉴 개발 현황

1) 신메뉴 개발 현황

최근 피자는 홈파티에 단골메뉴로 정착했으며 신제품의 특징은 스테이크 또는 해산물이 대세다. 빠르게 바뀌고 있는 신제품 개발을 중심으로 2017. 12. 28 매일경제 신문의 기자 평가단에 의해 발표된 도미노피자, 미스터피자, 피자헛의 국내 3대 강자의 신제품 개발 메뉴의 평가 내역을 바탕으로 제품 개발 사례를 살펴보면 다음과 같다.

첫째, 도미노피자의 '7치즈 앤 그릴드 비프' 에 있어 기자평가단에게 가장 높은 점수를 받은 제품은 도미노피자가 출시한 '7치즈 앤 그릴드 비프' 였다. 7가지 치즈에 불 맛을 살린 그릴드 비프를 더한 제품이다. 7가지 치즈로는 탈레지오, 고르곤졸라, 보코치니, 페터크림, 파메르산, 통 모차렐라, 슈레드 모차렐라 등이 들어갔다. 트러플 크림 소스가 고급스러운 버섯 향을 자아내기도 한다.

또한 장점은 7치즈 앤 그릴드 비프 피자는 평가단 전원에게 최고점을 받았다. 평가단은 특히 고기 토핑의 맛이 훌륭하다고 입을 모았다. 즉 고기에서 풍기는 숯불향이 매력적이며 은은한 불 맛이 느끼함을 잡아준다고 호평했다. 또한 피자 위 올려진 고기 품질이 다른 제품에 비해 압도적으로 좋았는데 여느 스테이크 못지않은 수준이라며 극찬했다. 치즈가 7가지나 올라간 것도 긍정적인 평가를 받았다. 도우 위에 치즈가 듬뿍 올라가 있으며 다양한 치즈 맛이 조화를 이뤄 치즈 마니아에게 사랑받을 수 있을 것으로 평가했다.

취향에 따라 도 두께를 조절할 수 있는 것도 장점으로 꼽혔다. 도미노피자의 제품은 씬, 나폴리, 오리지널, 슈퍼시드 함유도 등을 선택할 수 있다. 씬은 과자 같은 바삭함을 자랑하는 얇은 도이고, 나폴리는 쫄깃함을 강조한 일반 두께 도다. 평가단은 치즈가 많은 신제품이 나폴리나 오리지널 도와 어울린다고 평가했다.

그러나 치즈가 풍성하다보니 많이 먹으면 느끼하다는 지적이 나왔다. 치즈가 많이 올라가 약간 느끼하고 다른 제품에 비해 짠 맛이 강하며 느끼한 치즈 맛을 다른 토핑이 잡아주지 못해 오히려 감자나 양송이 토핑이 느끼함을 배가시킨다고 평했다. 이어 양파나 파프리카 같은 상큼한 토핑이 추가되면 좋을 듯 하다고 덧붙이고 또한 피자 에지가 밋밋하고 별다른 특색이 없음을 아쉬워하기도 했다.

둘째, 피자헛 '딥치즈 쉬림프 스테이크'로 두 번째로 높은 점수를 얻은 제품은 피자헛이 내놓은 '딥치즈 쉬림프 스테이크' 였다. 2017년 11월 17일 출시된 딥치즈 쉬림프 스테이크 피자는 부드러운 크림치즈, 갈릭 쉬림프, 스테이크 등이 고루 올라갔다. 새우와 스테이크를 동시에 맛볼 수 있는 게 최대 장점이다. 치즈크러스트와 리치골드 등 피자 에지를 기호에 맞게 고를 수 있다. 이 제품은 출시 한 달만에 30만판 이상 판매되는 쾌거를 이뤘다.

딥치즈 쉬림프 스테이크 피자의 토핑이 가장 풍성한 것으로 평가받았다. 덕분에 다양한 맛을 즐기기 좋다는 평가가 많았다. 고기와 새우는 물론 브로콜리, 토마토, 감자 등 다른 토핑도 풍성하게 올라가 있어 피자 토핑이 가장 다채로웠던 제품이다. 또한 달콤한 크림치즈로 시작해 고기의 불 맛, 탱글한 새우 맛, 고구마무스의 고소한 맛을 차례로 느낄 수 있으며 단 한 조각으로 다양한 맛을 즐길 수 있는 게 장점이다. 전반적으로 달달한 맛이 강해 영·유아나 청소년들에게 인기가 높을 것 같다는 의견이 나왔다. 특히 피자 에지가 훌륭한 것으로 호평했다. 즉 딱딱한 피자 에지는 잘 안 먹게 되는데, 피자 끝부분에 고구마무스와 치즈를 올려 맛을 살려 엣지가 두툼해도 부드러워 계속 먹게 된다고 평가했다.

다만 고기 토핑의 퀄리티가 떨어져 아쉽다는 의견이 지배적이다. 스테이크라는 제품명이 어울리지 않을 정도로 고기 맛이 떨어진다며 스테이크보단 고기완자나 미트볼 맛에 가깝다고 지적했다.

새우 피자를 선호하는 사람의 수요를 맞추기엔 역부족이란 평가도 나왔다. 작은 새우가 딱 1개 올라가 있어 쉬림프 피자라 부르기엔 민망할 정도다. 풍성한 토핑이 부조화를 이룬다는 의견도 있었다. 수많은 토핑이 하나의 도에 올라가 있는데, 각자의 개성이 강해 균형 있게 어우러지지 않는다는 점에서 한계로 지적한다.

셋째, 미스터피자의 '씨푸드빠에야 앤 스테이크'로 해산물 피자와 고기 피자를 모두 먹고 싶다면 '씨푸드빠에야 앤 스테이크' 피자가 안성맞춤이라고 기자평가단은 밝혔다. 씨푸드빠에야 앤 스테이크 피자는 미스터피자가 최근 소개한 신제품이다. 이 제품은 토핑으로 선호도가 가장 높은 해산물과 스테이크를 피자 한판에 반씩 나눠 올린 게 독특하다. 해산물 부분에는 각종 해물을 넣은 스페인식 해물요리 파에야를 올렸다. 관자, 새우, 칼라마리 등 3대 해산물을 즐길 수 있는 게 포인트다. 스테이크 피자는 카망베르 치즈, 망고를 더한 과일치즈 등이 함께 토핑돼 있다. 스테이크와 궁합이 좋은 레드와인 소스가 곁들여져 있기도 하다.

장점은 평가단이 씨푸드빠에야 앤 스테이크가 소위 '결정 장애'를 극복해주는 제품이라고 한 목소리를 낸 것이다. 스테이크와 해산물이 절반씩 들어 있어 취향이 제각각인 가족들과 함께 먹기 좋다며 긍정적인 평가를 내렸다.

스테이크와 해산물 피자가 반반으로 나뉘어 굳이 고민이 필요 없는 제품이며 여러 사람의 수요를 맞추기 편한 것으로 평가했다. 피자 위 토핑들이 가장 잘 어우러지는 제품으로도 꼽혔다. 피자 한 조각에 해산물, 스테이크, 야채를 몽땅 넣은 게 아니라, 아예 반반씩 나눠 각각에 맞는 토핑을 따로 넣어 호평을 받은 것이다.

이어 레드와인 소스를 곁들인 스테이크와 시금치, 해산물 파에야와 파프리카가 모두 잘 어울린다. 또한 스테이크와 시금치 조합이 약간 느끼할 때 매콤한 해산물 피자를 먹을 수 있게해 전체적인 밸런스가 좋았다.

하지만 단점으로 피자 엣지가 부실하다는 의견도 나왔는데 피자 에지의 개성이 없었던 것뿐만 아니라 끝부분이 바삭하지 않고 두꺼워 아쉬움을 표현하고 씨푸드빠에야 토핑이 스테이크에 비해 부실하다. 새우와 관자가 조각당 1개씩 들어가 있는데 이것만으로는 해산물 특유의 맛이 잘 구현되지 않는다고 단점으로 지목했다.

이상의 평가를 보면 도미노피자 '7치즈 앤 그릴드 비프' 는 평가단 전원 최고점으로 숯불향 고기토핑이 압도적으로 7가지 치즈가 듬뿍 올라와 많이 먹으면 느끼한 단점과 감자·양송이 토핑보다 양파·파프리카가 어울린다는 점에서 장점과 단점을 드러냈다.

피자헛 '딥치즈 쉬림프 스테이크' 는 고기·새우·야채 토핑이 다양하고 영유아·청소년이 선호 대상으로 치즈 올린 엣지는 매력적이며 스테이크 제품명과 달리 완자에 불과한 고기맛이 실망스럽게 평가되 작은 새우도 한 마리뿐인 점에서 한계로 평가 됐다.

그 밖에 미스터피자 '씨푸드빠에야 앤 스테이크'는 레드와인 소스와 스테이크에 매콤한 해산물 피자 반반씩 취향이 다른 가족에게 적합하고, 바삭하지 않은 피자 엣지 새우·관자도 조각당 1개뿐으로 해산물 특유의 맛을 느끼지 못하는 아쉬움을 갖게 한다.

〈표18〉 피자 3대 브랜드의 신제품 개발 내역 비교

업체	피자	도우 너비	가격	별점
도미노 피자	7치즈 앤 그릴드 비프	미디엄 10인치 라 지 13인치	미디엄 2만7,500원 라 지 3만2,900원	5점
피자헛	딥치즈 쉬림프 스테이크	미디엄 10인치 라 지 13인치	미디엄 2만8,900원 라 지 3만4,900원	4.3점
미스터 피자	씨푸드빠에야 앤 스테이크	미디엄 11인치 라 지 14인치	미디엄 2만5,900원 라 지 3만3,900원	3.9점

자료: 매일경제, (2017. 12. 28).

2) 3대 선도 브랜드의 생존전략

피자는 짜장면, 치킨과 함께 국내 3대 배달메뉴다.
1985년 서울 이태원과 압구정동에 '피자헛', '피자인' 1호점이 들어서면서 알려진 피자는 1988년 서울올림픽이 열리면서 외식메뉴로 자리 잡았고 2000년대까지 전성기를 누리며 인기를 끌었다. 그러나 고열량 정크푸드라는 낙인과 외식 트렌드 변화로 먹거리가 다양해지면서 피자 시장은 정체를 맞고 있다. 피자헛 · 미스터피자 등 대형 브랜드는 물론 중소 브랜드 부진이 이어져 2조원대 시장 규모가 수년째 제자리걸음이다.

2014년부터 업계 빅3(피자헛 · 미스터피자 · 도미노피자) 매장수를 살펴보면 도미노피자를 제외하고는 매장이 감소했다. 매장수는 브랜드 흥망성쇠를 알 수 있는 가장 기본적인 지표다. 론칭 초기부터 배달중심 소점포 전략을 구사한 도미노피자의 경우 피자 '빅3' 중 유일하게 선방한 것이다. 시대의 변화에 따른 피자업계의 생존전략은 크게 3가지다.

첫째는 메뉴의 프리미엄화다. 페퍼로니와 토마토소스 등 기본적인 구성에서 벗어나 레스토랑에서 맛볼 수 있던 고급 식재료를 이용한다. 피자헛은 포켓 스타일의 크런치 엣지 내부에 고구마 무스와 감자 무스를 절반씩 넣은 ‘크런치 치즈 스테이크’ 피자로 출시 한달 반 만에 약 55만판을 판매했다.

미스터피자는 대왕홍새우와 홍게살을 토핑한 ‘홍크러쉬’, 로메스코 소스에 관자와 새우, 깔라마리를 넣은 ‘씨푸드빠에야앤스테이크’ 등 요리 수준의 피자를 개발했다.

도미노피자는 2017년 겨울 ‘7치즈 앤 그릴드비프 피자’ 를 선보였다. 피자업계 최초로 7가지 프리미엄 치즈(탈레지오, 고르곤졸라, 보코치니, 페터크림, 통모차렐라, 슈레드 모차렐라, 파메르산)을 이용해 주목을 받았다.

두 번째는 사용자 중심의 IT서비스 개선이다. 피자헛은 지난 2018년 1월 PC와 모바일 홈페이지 및 어플리케이션을 전면 개편했다. 한국피자헛의 개편은 고객의 행동패턴 분석을 통해 홈페이지 고유의 기능인 ‘주문하기’ 를 더욱 쉽고 빠르게 하는 데 주력했다. 주문하기 기능 외 기타 기능은 과감히 없애 간결하고 직관적인 페이지를 구현한 것이다.

도미노피자는 국내 피자업계 최초로 고객 맞춤형 주문 시스템 ‘마이키친’, 간편 결제 서비스 ‘도미노페이’, 인공지능 채팅 주문 서비스 ‘도미챗’ 등 IT기술과 결합한 주문 플랫폼을 구축해 사용자 편의성을 높였다.

세 번째는 매장 콘셉트와 메뉴의 변화다. 대규모 레스토랑이 아닌 소형 다이닝 매장을 늘리고 혼밥족을 위한 1인 메뉴를 개발하는 등 변화에 대응하고 있다.

피자헛은 지난 2017년 3월 '패스트캐주얼다이닝(FCD)' 매장(현재 3곳)을 첫 도입했다. 고객이 직접 카운터에서 메뉴를 주문하지만, 캐주얼하면서도 세련된 인테리어로 레스토랑 분위기를 낸다. 기본 메뉴를 비롯해 4000~9000원대 런치세트와 혼자 먹기 좋은 8인치 소형 피자, 샐러드, 커피, 맥주 등을 판매한다.

미스터피자는 원형샌드를 포갠 1인 피자 '피자샌드' 를 출시했다. 레스토랑형 매장은 점차적으로 축소하면서 '소형 다이닝' 매장도 확산 중이다. 더불어 기존 내점 고객을 겨냥해서는 피자만 즐기는 곳이 아닌 고객들의 다양한 주문과 기호를 맞출 수 있도록 월드 뷔페 레스토랑 '미스터피자 피자뷔페' 같은 새로운 콘셉트 매장을 선보였다.

3) 냉동 홈피자 개발 및 판매 현황

'홈피자' 로 불리는 냉동피자 시장이 지각변동을 일으키고 있다. 지난 2017년 여름 CJ제일제당이 냉동피자 시장에 진출, 2위 홈플러스(제조 닥터오트커)를 사실상 제치면서 '나홀로' 독주하고 있는 오뚜기를 긴장케하고 있다. 또 롯데마트(제조 롯데푸드)도 2017년 말 냉동피자 시장에 뛰어들면서 2018년 냉동 피자 시장은 치열한 경쟁을 하고 있다. 11일 시장조사업체 링크아즈텍과 업계에 따르면 국내 냉동피자 시장은 2015년 55억원에서 2016년 265억원 규모로 5배가량 성장한데 이어 2017년 900억원대 시장으로 급성장했다. 2018년에도 신제품 출시 등으로 1300억원대로 확대되었다.

냉동피자는 전자레인지나 오븐뿐만 아니라 후라이팬으로도 간편하게 조리가 가능한 냉동 제품으로, 1인가구 증가와 더불어 냉동피자의 품질이 개선되면서 시장 규모도 점차 확대되고 있다. 업체별 냉동피자 시장 점유율은 오뚜기가 71.1%를 석권하면서 독주체제를 나타내고 있으며 이어 홈플러스(9.7%), CJ제일제당(8.2%), 사조대림(4.7%), 삼립식품(1.5%) 순이다.

그러나 CJ제일제당이 17년 7월말 '고메 콤비네이션 피자'를 출시한 후 8월(월간기준) 16.5%의 시장점유율을 기록한데 이어 9월 15.4%, 10월 21.2%, 11월 19.5%를 기록한 반면 홈플러스는 8월 5.1%, 9월 7.9%, 10월 10.9%, 11월 8.2%로 상대적으로 저조한 판매량을 기록하면서 연말기준으로 2위 자리 수성이 힘들게 됐다. 1위를 달리는 오뚜기도 9월(69.9%) 70%선이 무너진뒤 10월 60.9%, 11

월 66.9%로 2~3위권 업체의 추격을 받고 있다. 아직은 2, 3위와의 격차가 벌어져 있지만 CJ제일제당·롯데마트의 냉동피자 시장 진출 등 후발 업체들의 거센 도전을 받고 있다.

2016년 6월 콤비네이션 피자와 불고기 피자 등 모두 4종의 냉동 피자를 출시하며 시장을 선점한 오뚜기는 2017년 한해만 약 660억원의 매출을 올리며 전년에 비해 200% 정도 성장했다. 원형 피자 외에 사각피자와 떠먹는 컵피자를 선보인 오뚜기는 새로운 냉동 피자 4종을 선보이며 1위 자리를 굳건히 하고 있다.

브랜드력을 앞세운 CJ제일제당은 냉동피자 출시 원년 100억원의 매출을 달성, 단숨에 2위 자리로 치고 올라오면서 2018년 시장 위치를 더욱 공공히 하고 있다. 17년 말 '고메 디아볼라피자' 와 '고메 고르곤졸라피자' 를 새롭게 선보이며 2018년 300억원의 매출을 목표로 하였다.

홈플러스도 피자의 본고장인 이탈리아를 비롯해 유럽 21개국에서 냉동 피자 점유율 1위를 달리고 있는 독일 닥터오트커의 리스토란테 피자를 앞세워 시장 점유율 확대에 나서고 있다.

이밖에 2017년 말 '요리하다' 브랜드로 냉동피자 시장에 뛰어든 롯데마트와 사조대림, 삼립식품도 점점 커지는 냉동피자 시장에 대응해 제품 라인업을 확대하고 있다.

III

글로벌 선도 3대 피자 프랜차이즈 경영사례 비교

1. 도미노 피자

1) 도미노 피자의 역사

도미노피자는 1960년 창업자 톰 모너건 형제가 미국 미시간주 입실런티에서 1대의 폭스바겐 Beetle로 배달을 시작한 도미닉스로부터 시작되었다.

이후 톰 모너건 형제가 3개의 점포를 운영하는 가운데 1965년 '도미노피자' 로 회사명을 개명하고, 1967년 처음으로 프랜차이즈 사업을 전개함으로써 창업 이래 50년이 지난 오늘날 세계 최대 피자 배달점으로 비약적인 성장을 이루게 되었으며, 지금까지 피자배달의 새로운 영역을 개척하면서 성장을 거듭해 나아가고 있다.

도미노피자는 현재 전 세계 70개국 이상에서 8,000여 개 이상의 점포를 두고 있는 세계적인 피자 프랜차이즈이다.

이 회사는 1960년, 톰 모너건 형제가 미국 미시간 주 입실런티에서 폴크스바겐 비틀만을 이용해 배달을 시작한 도미닉스 피자(Dominick`s Pizza)를 차린 것부터 시작된다. 이후 톰 모너건이 3개의 점포를 운영하던 중 1965년 현재의 사명인 '도미노피자' 로 개명하고, 1967년 처음으로 프랜차이즈 사업을 전개하였다. 이후 1983년에 캐나다 위니펙에 해외 1호 점포를 개설하면서 글로벌 브랜드로 발전하였다.

대한민국에는 1990년에 첫 점포인 오금점이 문을 연 후, 1999년 100호점을 돌파했고 2003년에는 200호점을 돌파했으며, 현재는 전국 280개 이상의 매장을 운영하고 있다.

로고안의 3개의 동그라미는 맨 처음 개설한 3개의 점포를 의미한다. 그러나 이후에 점포를 늘릴 때마다 하나씩 동그라미를 늘릴 계획이었지만 가맹점 수가 대폭 많이 늘어 로고안에 모두 표현할 수가 없었다. 이후 도미노피자의 피자맛은 입소문을 타고 번져가기 시작했는데 현재 전세계적으로 8600개 이상의 매장을 운영하고 있다.

(1) 도미노 피자 코리아

1990년에 한국에 상륙한 세계 최대 피자 배달 전문점인 도미노피자는 항상 최고의 서비스와 퀄리티, 그리고 가장 맛있는 피자를 30분 내에 배달한다는 철학을 기반으로 명실상부한 대한민국 대표 피자 배달 브랜드가 되었다.

도미노 피자 코리아는 배달 피자의 개념을 국내에 처음 도입하여 피자 대중화에 기여하였을 뿐만 아니라, 기존 평범한 토핑과 천편일률적인 외양의 피자에서 한 걸음 더 나아가 맛과 건강에 있어 최고로 인정받는 다양한 식자재의 과감한 도입과 혁신적인 피자 외양으로 피자 업계를 선도하는 리딩 컴퍼니이다. Creative Domino 's 라는 20년 동안 도미노 피자 코리아가 걸어 온 족적이자 앞으로도 지속적으로 지켜나갈 가치이다. 도미노 피자는 1990년 배달 피자 개념이 전무한 한국 시장에 최초로 진출, 피자 대중화에 앞장서 왔다.

국내 최초로 신개념 도우인 더블&트리플 크러스트를 국내에 소개하였고, 까망베르 치즈, 바질, 파슬리, 게살 등 최고급식자재를 국내 최초로 과감히 토핑 재료로 도입했다. 또한 도미노 피자만의 특징이 된 얇고 바삭한 Thin Dough의 도입도 국내 피자 매니아들에게 폭발적인 사랑을 받고 있다. 도미노 피자의 크리에이티브는 피자에만 한정되지 않는다.

1577-3062 One Number Service로 우수한 온라인 주문 시스템, 도미노 피자 기프트 카드 도입, 업계 최초 ISO 인증 등 혁신적인 도미노 피자의 Creative함은 지금까지도 계속되고 있다. 이는 최상의 품질과 안전으로 고객을 만나기 위한 도미노 피자의 노력이 365일 지속 되고 있음을 알리는 것이다.

도미노 피자만의 방식으로 발효한 저온숙성도우, 유럽식 천연숙성 치즈의 엄선된 최고급 치즈, 그리고 식자재, 피자 메이킹, 매장 위생, 배달 등 전 과정을 전세계 도미노 피자 공동 매뉴얼을 통해서 엄격하게 관리되고 있다.

업계 최초로 피자의 영양성분을 투명하게 공개하여 맛을 넘어 고객의 건강까지 생각하고 있다. 온 가족이 함께하는 도미노 피자는 위생과 안전을 넘어 고객의 건강까지 챙기는 가족 같은 브랜드가 된 것이다.

도미노 피자는 고객들의 사랑을 사회에 환원하고, 모두가 행복해질 수 있는 기업의 사회적인 책임 실현에 최선을 다하고 있다. 매년 서울대 어린이 병원, 선덕원등 어려운 환경에 처해있는 시설에 대한 기부, 어린이 야구 꿈나무의 신설인 도미노 피자기 리틀 야구 대회의 매년 주최를 통해 미래의 주역이 될 어린이들에 대한 사랑과 지원을 보태고 있다. 그리고 국내 최초로 배달용 전기 오토바이를 도입해 환경 보호 실천에도 노력을 경주하고 있다.

최고의 맛, 서비스, 안전 그리고 기업의 사회적 책임 구현을 통해 고객님께 사랑 받는 최고의 피자 브랜드가 되었다. 앞으로도 항상 Creative한 제품 개발, 고객의 건강까지 챙기는 투명함으로 최고 피자 브랜드를 넘어 진정으로 고객의 마음을 요리하는 가족 같은 브랜드로 인정받고 신뢰받는 기업이 되는 것이 이곳 브랜드의 다짐이다.

〈표 19〉 Domino's Pizza Korea History

1989. 09	Koam무역 설립	2008. 03	씬피자 확대 출시, 골든 스위트 피자 출시
1990. 10	도미노피자 1호점(오금점) Open	2008. 07	게살 프랑쉐 피자 출시
1993. 03	디피케이 인터내셔널㈜상호변경/고객 만족보증제 도입	2008. 10	도미노 피자 300호점(동탄점) Open
1996. 10	도미노피자 50호점(부천점) Open	2008. 11	도이치 휠레 피자 출시
1999. 06	도미노피자 100호점(김포점) Open	2009. 03	이탈리안 갈릭 스테이크 피자 출시
1999. 11	포테이토피자 출시	2009. 06	올라스페인 피자 출시
2000. 09	천안공장 준공	2009. 09	브레드볼 파스타 출시
2003. 01	도미노피자 200호점(이문점) Open	2009. 11	쉬림푸스 피자 출시
2003. 07	더블 크러스트 피자 출시	2010. 04	나폴리 프레쉬 피자 출시
2005. 12	그릴드 포테이토 피자 출시	2010. 04	나폴리도우 전제품 확대 출시
2006. 06	도미노 피자 본사 사옥 이전(역삼동)	2010. 05	국내외식업계최초 스마트폰 주문 어플 출시
2007. 06	타이타레 피자 출시	2010. 07	로스트비프 피자 출시

2) 도미노피자의 경영이념

〈표 20〉 Domino's Pizza International History

1960	Michigan주 Ypsilanti에 첫 번째 점포 Open
1965	Domino 's Pizza로 이름 변경
1967	가맹 1호점 Open
1973	세계 최초 '30분 배달보증제도(30Minutes Delivery Guarantee)'
1975	도미노피자 100호점 Open
1983	도미노피자 1,000호점 Open, 캐나다에 첫 해외매장 Open
1985	도미노피자 영국 진출
1989	도미노피자 5,000호점 Open
1990	도미노피자 한국 진출
1993	'고객만족보증제(Customer' s Satisfaction Guarantee)' 도입
1996	'Bain Capital' 도미노피자 인수
2003	전세계 64개국 7,200개 매장 운영
2005	쓰나미 재해 지원
2006	도미노피자 8,000호점 Open
2017	도미노피자 8,600호점 Open

도미노 피자는 1960년 창업자 톰 모너건 형제가 미국 미시간주 입실런티에서 한대의 폭스바겐 Beetle로 배달을 시작한 '도미닉스'로부터 시작되었으며 이후 톰 모너건 형제가 3개의 점포를 운영하는 가운데 1965년 '도미노피자' 로 회사명을 개명하였다. 1967년 처음으로 프랜차이즈 사업을 전개함으로써 창업 이래 50년이 지난 오늘날 세계 최대의 피자 배달점으로 비약적인 성장을 이루게 되었고 지

금까지 피자배달의 새로운 영역을 개척하면서 성장을 거듭해 나아가고 있다.

1980년대에 들어 보다 편리함을 추구하는 소비흐름 속에서 도미노 피자는 1983년에 캐나다 위니펙에 해외 1호 점포를 개설하고 전세계적으로 점포 수 1,000개를 돌파하였다. 이후 1989년에 이르러서는 5,000개의 점포수를 돌파해 6년 만에 무려 5배의 규모로 눈부신 성장을 기록하였고 2010년에는 전세계적으로 8,000개 이상의 매장이 세워지는 등 강력한 성장세를 과시하고 있다. 이처럼 해외시장의 급속한 확대와 함께 도미노피자는 1990년 오금점 오픈을 시작으로 국내에 처음으로 도입되었고, 급속한 성장세를 기록하면서 '도미노피자코리아' 는 현재 전국에 305개의 매장을 보유하고 있다.

1998년 갓 구워낸 피자의 맛을 유지하기 위해 피자배달 가방 내부에 전기 충전식 열선 시스템을 부착한 피자배달가방 'HeatWave' 를 개발, 기술 특허를 획득한 도미노 피자는 개별 점포마다 동일한 품질의 피자를 소비자에게 제공하기 위해 외식업계 최초로 '중앙 보급 물류시스템' 을 도입하였다. 뿐만 아니라 신선하고 맛있는 피자를 소비자에게 제공하기 위해 도우 보존과 관리가 용이하도록 도우 배달상자(Tray)의 재질을 변경하고, 더욱 맛있고 바삭바삭한 피자를 만들기 위해 망사형 피자 스크린을 개발하는 등 다양한 기술혁신을 거듭함으로써 소비자에게 가장 맛있고 신선한 피자를 보급하기 위한 노력을 계속하고 있다.

이곳의 이념을 살펴보면, 제품철학의 경우 도미노 피자가 피자 시장에서 우위를 점하고 경쟁에서 승리하기 위하여 도미노피자 매장에 최고품질의 제품만을 배송한다는 철학을 유지하고 있다.

그리고 제품 전략으로는 도미노 피자 본사 기술구매팀 품질 인증부서에 의해 개발된 승인 제품 리스트 상에 명시되어 있는 제품만을 판매한다는 철학을 준수하고 있다. 또한 100% 만족 보증을 위해 제품에 대한 100% 만족을 추구한다. 만족하지 못하면, 반품되는 제품에 대하여 보증 제도를 실시하고 있다.

이 같이 급속도로 확산되고 있는 시장에 대한 규모를 보면 국내 외식 배달시장은 3조6천억 규모로 추산되는 가운데 피자 시장규모는 약 1조원으로 추정되고 있다. 이 중 전 국민의 44%가 3개월 동안 적어도 한번 이상 피자전문점을 이용한다는 통계를 볼 때 그 숫자는 매번 머물러 있지 않고 성장하고 있다는 특징이 있다.

도미노 피자는 Best Brand, Best Service, Best Quality, Best Operation, Best Safety, Best People 이라는 6가지 경영원칙을 모토로 삼고 있다.

(1) 배달만을 전문으로 하는 도미노피자

도미노 피자는 Dine-in과 Delivery 시장으로 구분이 되어 있다. 경쟁사인 피자헛과 미스터피자는 두 시장을 모두 포함하고 있어 어느 한 시장으로 치우치기가 어려운 방면 도미노피자는 배달만을 전문으로 하는 업체이며 현재 Delivery 시장이 성장하고 있는 추세이기 때문에 도미노 피자의 market share는 성장가능성이 높을 수밖에 없다. 이는 현재 Dine-in은 32%, Delivery는 68%로 Delivery 시장의 성장이 우세하다는 장점을 유지하고 있기 때문에 가능한 것이다.

현재 이곳의 직접적인 수익원은 다양한 채널을 통한 피자의 판매와 가맹점의 프렌차이즈료, 피자 교환권의 판매이다.

전화 주문(188,1577 콜서비스) 서비스 시행, 점포를 통한 직접 주문과 1577(88)-3082 통합번호 콜센터를 통한 주문과 고객이 점포를 직접 방문 수령할 수 있는 방문 구매, 온라인 주문(1999년도 업계 최초 도입)이 가능하다.

그밖에도 SK와 제휴하여 휴대폰 문자를 통한 주문, 스카이라이프와 제휴 디지털 쌍방향 TV주문과 동시 외식 배달 업계에서 보다 다양한 채널 확충은 수익, 고객 만족도와 직결되기 때문에 업계 최초 도입한 휴대폰 문자 주문은 폭발적인 관심을 받고 있다.

온라인 채널의 강점으로는 강한 시각적 효과로 구매욕구 자극, 제품에 대한 구체적 정보제공이 용이하다는 점과 IT적 차원의 관리 및 보상시스템을 구축 고객충성도 유지와 고객의 소리/ 메일링을 통한 고객 관리, 콜센터보다 저렴한 유지비용 등 고객은 보다 편리한 주문이 가능하며 회사는 접수과정을 간소화할 수 있다는 점을 꼽을 수 있다.

3) 도미노 피자의 경영전략

(1) 도미노피자의 경영환경

거시적 환경에 있어 사회적 환경은 X세대, N세대 등장, 핵가족시대 도래이며 문화적 환경의 경우 다양해진 소비자의 욕구, 외식문화 활성화를 들 수 있으며 경제적 환경의 경우 경제불황으로 인한 소비 위축의 가능성이 있다.

또한 미시적 환경에 있어서는 간편하고 편리한 주문을 들 수 있는데 전국어디서나 1588-3082 또는 1577-3082를 누르면 가까운 매장으로 연결되며 전국적으로 많은 매장이 확보되어 있다.

30분내 신속배달, 30분 보증제로 인한 외식업계 빠른 배달 서비스를 제공하며, 할인에 대한 욕구 충족을 위해 통신사 할인, 제휴카드

할인 등 다수의 제휴가맹점으로 우위를 점하고 있다.

(2) 4P전략

① product : 기존 메인 제품은 꾸준히 판매를 업그레이드 시키고 반면 저조한 제품은 빠른 시일 내에 단종, 고객의 욕구에 맞추어 업그레이드해 신제품으로 대체하는 노력을 기울이고 있으며, 물류센터는 도미노 피자 본사와의 협의를 통하여 승인된 신제품을 생산하고 필요한 시기와 장소에 맞춰 신제품을 공급한다.

또한 표준화를 바탕으로 한 현지 적응화 전략으로 전 세계의 도미노 체인점에서 피자를 만드는 직원들은 미국 본사에서 내려온 방침에 따라 피자를 만든다. 도우 사이즈나 제작 방법 외에도 메뉴에 들어가는 치즈와 각 재료도 본사에서 제공되며 피자를 구워내는 방식도 모두 동일하여 표준화된 틀에 의해 제작된다는 점에서 균일성을 갖는다.

② price : 전국적인 가격의 균등을 위해 도미노 피자 본사는 지역별로 가격에 대한 경쟁력을 유지하는 동시에 전국적으로 일관적인 가격을 설정해 왔다. 전국적인 가격은 업계의 평균 마진, 지역 시장 조사, 예상 비용에 기반을 둔다.

가격 변동은 시장 여건에 따라 발생하는데 첫째, 치즈가격, 둘째, 진행일과 가격 변동 시기가 일치 하지 않을 때, 물류센터는 진행에 따라 적용되는 적절한 가격 조정을 통하여 진행 정책이 가격 변동 시기보다 앞서 적용 될 수 있도록 한다.

치즈가격은 업체와 상호 협의 하에 가장 적정한 금액을 산출하고 가격 예상은 공급업체 정보, 과거의 추세, 구매팀의 경험을 이용 하여 결정한다. 또한 할인정책의 경우 현재 도미노피자는 SK텔레콤, LG U+, 스마트폰할인, 신용카드할인, 포장할인, 온라인할인 및 각종 카드사와 제휴를 통해 가격 할인혜택을 고객에게 제공하고 있다.

도미노 피자는 중저가 정책을 유지하고 있다. 각 메뉴의 값은 다른 브랜드에 비해 약간 싼 편이며 이러한 가격정책을 유지하고 나아가서 마진의 최소화와 원가절감의 시스템을 개발하여 가격을 낮춘 것이 주효했다.

③ Place : One Number System의 도입으로 기존에 흩어져 있던 매장 번호를 1588-3082로 통합해 단일번호화 함으로써, 고객들의 편의를 돕고, 전문텔레마케터들이 직접 주문전화를 받아 응대하는 시스템이다. 또 콜센터의 구축으로 통합적인 데이터 관리가 가능해지면서 고객 맞춤형 마케팅을 본격적으로 시행하고 있다. 고객은 카드

를 소지할 필요 없이 전화 한통만으로 편리하게 마일리지 적용에서 할인까지 가능하게 됐다.

또한 place전략을 위해 교통이 원활한 지역이고, 고객과의 약속인 30분 보증제를 지키기 위하여 교통이 원활한 곳에 위치하고, 아파트 단지 밀집 지역, 신도시 지역, 상권에 위치, 고객 들이 쉽게 방문 할 수 있도록 도로변에 위치하는 것을 입점전략으로 취하고 있다.

④ Promotion: 고객데이터 베이스 구축을 통한 CRM (Customer Relationship Management) 구현으로 고객관계 관리를 시행하고 있다. 이는 홈페이지의 회원제 운영을 통해 얻어진 고객의 정보를 이용하여 기존 고객들의 충성도를 높여 고객의 이탈을 방지하는 것이다. 고객의 생일, 기념일, 특별고객 등을 집중관리를 통한 유인과 호의적인 관계를 유지하고 있다.

또한 새로운 CF 및 TV 광고의 확대를 통한 브랜드 이미지 강화로 과거에 비해 도미노피자는 CF 및 광고에도 노력하고 있지만 피자헛이나 미스터피자에 비하면 그 노출 빈도가 낮아 소비자들에게 도미노피자라는 브랜드 이미지를 잘 알리지 못하고 있다. 재미있고 참신한 CF를 제작 방영함으로써 소비자에게 브랜드이미지를 강하게 심어주어야 하지만 이에 미치지 못하고 있다.

특히 promotion전략을 위해 매달 다른 프로모션으로 판매 촉진을 꾀하며, 최상의 품질의 제품을 저렴한 가격으로 고객에게 제공한다.

마케팅 절차에 있어 마케팅 부서는 전국적인 마케팅 계획의 수립과 시행을 담당하고 마케팅에 대한 Creative전략, 광고 전략, 프로모션 개발, 시장조사, 홍보 등이 포함(직접광고, 직접배포 광고, 박스타퍼, 도어 행어, 신문전단 삽지, 냉장고 자석, 전화번호부, 방문 포장시 매장마다 일정한 % 할인)된 전략을 구사하고 있다.

(5) STP 전략

① Segmentation(세분화) : 지리적으로는 상권이 편리한 곳, 교통이 원활하고 유동인구가 많은 인구밀집지역에 우선을 두고 있다.

20~30대 여성 & 청소년층을 주 고객으로 삼고 있기 때문에 여성들을 위한 기름기가 적은 씬 피자를 출시하고 있다.

특히 소비자들의 라이프 스타일에 맞춰 비싼 가격이라도 좋은 제품을 구매 하려는 심리적용과 함께 무엇이든지 빠른 것에 대한 욕구 및 핵가족으로 인한 외식문화 주류로 영업을 전개하고 있다.

② Targeting(목표시장선정)

모든 연령의 고객이 목표로, 남녀노소를 불문하고 이용할 수 있게 저변을 확대하고 특히 직업에 관계없이 맞벌이 부부, 핵가족시장을 목표로 하고 있다.

도미노피자는 중·저가의 피자를 빠른 시간 내에 접하고자 하는 고객들을 목표대상(Targeting)으로 삼고 있다. 우선 1차 타깃을 20대, 2차 타깃을 30대/중고생으로, 3차 타깃을 초등학생과 주부로 나누고 있다. 1차 타깃이며 가장수요가 많은 20대는 인터넷 사용률이 높고 학생신분으로서 소득이 꽤 높지 않고 뭐든지 빠르고 신속한 서비스를 원하는 고객층을 주요 타깃으로 하고있다.

③ 포지셔닝(Positioning) : 도미노피자의 Positioning 은 피자헛, 미스터피자 등 타 브랜드에 비해서 '배달 신속성' 과 '가격측면' 을 제외하고는 모든 면에서 열세였다.

피자헛, 미스터 피자와 함께 3대 피자업종에 속함으로써 브랜드 인지도가 있고 피자헛보다 늦은 출발로 인지도는 다소 떨어지지만, 최초배달전문 이라는 타이틀을 내세워 입지를 확고히 다져 경쟁력을 높였다. 최근 피자헛에서도 배달을 하고 있지만, 아직까지는, 홀 즉 패밀리 레스토랑이라는 이미지가 강력하다. 미스터 피자는 피자헛과 마찬가지로 홀 중심의 피자 업종이고, 배달과 홀을 동시에 시작하였지만, 이미지는 피자헛과 비슷하다는 점에서 한계점을 갖지만 배달

면에서는 월등히 우위를 차지하고 있어 그 인지도를 높이 각인시켰다.

도미노 피자는 핵심전략 요소로 맛과 품질에 대한 완벽함을 추구하며 유통기한의 철저한 체크, 위생과 청결의 체크, 할인 프로모션 전략을 내세우고 있다.

또한 온라인 채널 핵심전략에 있어서 가상 메뉴 제공을 통해 피자 이외의 품목도 판매 촉진을 도모하고 온라인 주문 시 인터넷, 모바일 할인 쿠폰 등을 제공하는 등 다양한 혜택의 이벤트로 구매를 유도하고 있으며 신메뉴 출시 및 이벤트 관련 메일링을 통한 고객 관리, 온라인 주문 시 큰 폭의 가격 할인 혜택, 고객의 소리를 통한 고객과의 1:1 상담을 제공하고 있다.

(6) SWOT 분석

① 강점(Strength) : 가격의 적당성, 차별화된 서비스, 배달시장에 특화된 시스템으로 운영되고 있다는 점을 들 수 있으며, 특히 품질 보증제도를 통해 소비자들로부터 인정받고 있다.

② 약점(Weakness) : 소극적인 홍보방식과 후발기업으로서 상대적으로 낮은 시장점유율, 배달시장에만 치중하는 영업전략을 들 수 있다.

③ 기회(Opportunity) : 성장기인 Delivery 시장에서 인터넷을 통한 1:1 마케팅이 대세를 이루고, 피자 원재료의 원가 상승에 의해 경쟁사들의 피자가격이 상승한 가운데 도미노피자의 저가격 전략이 기회로 작용하고 있는 점을 들 수 있다.

④ 위협(Threat) : 경쟁업체 간의 공격적인 Promotion과 영세, 중견업체들의 시장 진출(시장피자, 피자굽는마을 등), 외식산업의 경쟁 심화 등이 위협이 되고 있다.

〈표 21〉 SWOT 분석

내부적 환경	
S (강점 (Strenght))	W (약점 (Weakness))
▻배달 전문점에 걸맞게 좁은 매장 활용 가능 ▻저 인력으로 운영 가능	▻피자헛에 비해 낮은 인지도 ▻배달을 주력으로 함으로써 고객의 욕구 파악이 어려움
외부적 환경	
O (기회 (Opportunity))	T (위협 (Threat))
▻요즘 시대의 소비자들의 편하고 빠른 서비스로 만족, 이로 인해 피자업계에서 각광받는 사업으로 인정 ▻밖으로 멀리 나가지 않고 집안에서도 맛있는 음식을 먹을 수 있다는 전략으로 핵가족 고객 확보	▻피자헛, 미스터 피자, 피자에땅과 같은 경쟁업체들의 배달 시작으로 인한 위협 ▻경기 불황으로 인해 소비자들이 비싼 가격의 제품은 사양하는 추세, 마케팅 효과와 프로모션으로 인한 할인율 증가로 고객 유치

(7) 전략 및 차별화

① 메뉴의 차별화

미국 도미노 피자의 경우 사이즈, 빵(crust), 토핑을 직접 소비자가 골라서 주문하는 형태이다.

한국 도미노 피자는 한국소비자에게 익숙한 만들어진 메뉴를 고르는 형태로 저렴한 가격을 원하는 한국소비자에 맞춰 세트메뉴를 통해 가격할인을 제공하고 있다.

② 최상의 맛을 위한 노력, 다양한 기술혁신

피자의 맛을 유지하기 위해 피자배달 가방 내부에 전기충전식 열선 시스템을 부착한 피자가방 'HeatWave' 을 개발하고, 개별 점포마다 동일한 품질의 피자를 소비자에게 제공하기 위해 외식업계 최초로 '중앙 보급 물류 시스템' 을 도입하였다.

또한 신선하고 맛있는 피자를 제공하기 위해 도우 보존과 관리가 용이하도록 도우 배달상자(Tray)의 재질을 섬유 유리조직으로 변경하였으며 맛있고 바삭바삭한 피자를 만들기 위해 망사형 피자 스크린을 개발하였다.

피자를 만드는 과정에서도 차별화를 두었는데 10 point pizza의 경우 피자의 크기가 동글고 정확한지, 소스가 고르게 발라졌는지, 치즈의 양은 적절한지, 토핑재료가 정량이상 사용 되었는지, 고르게 토핑 되었는지, 도우가 부풀지 않았는지, 치즈가 도우에 고르게 스며들었는지, 도우가 금갈색으로 고르게 구워졌는지, 엣지가 너무 두껍거나 얇지는 않은지, 커팅된 조각이 쉽게 분리되고 크기가 고른지, 기름기 제거를 위해 일반 후라이팬 대신에 석쇠모양의 스크린 사용이 적합한지 등이 핵심요인으로 작용한다.

〈표 22〉 도우 만들기

	도미노 피자	타 업체
숙성방식	저온 장시간	고온 단시간
시 간	약 3일	3~4시간
온 도	1~3도의 온도	35~38도의 온도
특 성	향미가 뛰어나고 쫄깃쫄깃한 조직감이 좋음	

③ 서비스 차별화

콜센터 및 개별매장 전화를 통해 30분내 배달 서비스를 제공하고 있다. (30분이 넘을시 할인, 45분이 넘을시 무료)

피자를 먹고난 후 휴대폰으로 고객 설문조사를 실시하는데 설문 참여자 중 추첨하여 할인쿠폰을 증정하고 있다. 이때 고객의 의견도 반영하고 할인쿠폰이 있는 고객은 다시 피자를 주문하게 된다.

SK telecom, OK cashback과 카드 제휴로 할인서비스를 제공하며 품질 보증제도 서비스로 배달된 피자가 맛이 없을 경우 환불해주거나 새로운 피자로 교환해 주고 있다.

〈표 23〉 가격 전략

	family size	large	regular
도미노피자		14,900~21,900	9,900~13,900
피 자 헛	19,900~23,900	15,900~19,900	10,900~14,900
미스터피자		15,900~19,900	10,900~14,900

④ 이벤트 전략

이벤트를 통해 내부적으로는 모든 종업원들에게 동기를 부여해주고, 외부적으로는 일반 고객들에게 도미노 피자에 대한 관심을 높이는 계기의 제공 및 관련 업체들과의 친목 및 긴밀한 관계를 유지하고 있다.

코리아 와이드 랠리(Korea Wide Rally)는 도미노피자가 연중하는 제일 큰 행사로써, 1년 동안 각 매장의 영업실적을 발표하는데 종목별로 인센티브를 시상하며, 각 매장의 요리사 및 일반인을 대상으로 한 피자 경연대회를 개최한다.

피자 경연대회를 통해 부수적으로 새로운 제품에 대한 아이디어도 획득하고 인테리어, 명함, 판촉물, 코카콜라 등 도미노 피자와 관련된 업체들이 대거 참여하는 전시회도 개최한다.

⑤ 사이버 마케팅 전략

홈페이지에 있는 게시판이나 Q/A 등을 활용하여 고객의견을 반영한다. 고객 데이터 베이스 구축을 통한 CRM(Customer Relationship Marketing)을 구현을 통해 홈페이지의 회원제 운영을 통해 얻어진 고객 정보(각종 기념일 등)를 이용, 기존 고객들의 이탈 방지 및 고객과 호의적인 관계유지가 가능하다.

⑥ 광고 전략

새로운 CF 및 TV 광고의 확대를 통한 Brand Image 강화에 중점을 두고 있다. 지금까지의 도미노피자의 광고는 그 노출 빈도가 낮아 소비자들에게 도미노 피자라는 Brand Image를 잘 알리지 못했는데, 주 고객인 20대에게 어필할 수 있는 재미있고 참신한 CF를 제작 방영함으로써 소비자에게 Brand Image 어필하고 있다.

또한 광고의 노출 빈도를 높여 소비자들에게 도미노피자라는 Image를 실어줌으로써 PPL을 통한 간접광고 강화와 드라마나 영화와의 협찬을 통해 PPL을 지속함으로써 소비자들에게 도미노 피자라는 Image를 심어주는 전략을 펼치고 있다. (예 선녀와 사기꾼에 신제품(double crust) 광고를 통해 예상외의 호황을 누림)

⑦ 위치 전략

One Number System의 도입을 통해 기존에 흩어져있던 매장 번호를 하나로 통합해 단일 번호화 하였고 전문 텔레마케터들이 직접 주문전화를 받아 응대하도록 하고 있다.

또한 기존 매장에서의 접촉뿐만 아니라 상권 조사를 통해 주 고객이 많이 분포하는 대학가 주변, 비즈니스가 활발한 지역 등에 매장을 신규 개설하여 배달서비스(30분 배달보증 제도)로 매장이외의 장소에서도 도미노피자를 즐길 수 있도록 하고 있다.

〈표 24〉 저가 전략

Best Brand	프리미엄 브랜드 이미지 확보와 유지를 위한 전략적 기업 활동 전개 적극적이고 폭 넓은 사회공헌활동을 통한 나눔 기업 이미지 강화
Best Product	위생적인 매장 및 시설 관리, 식자재 관리지침 준수 등 엄격한 평가로 Perfect Pizza Marking을 목표로 365일 고객에게 최상의 제품제공
Best Service	'고객이 원하는 가장 맛있고 영양 있는 피자를 최대한 빨리 만들어 가장 친절하고 안전하게 제공해 드린다.' 는 사명 아래 고객 감동서비스 실현
Best Safety	안전을 최우선으로 하는 배달 원칙 및 법규 준수로 안전의식을 고취시켜 안전한 근무환경을 제공 전 과정의 매뉴얼화를 통해 철저한 안전관리로 고객으로부터 신뢰받는 기업으로 거듭나며 안전한 배달문화 선도
Best People	'한번 한다면 꼭 이루어낸다' 라는 사명감과 책임감이 있는 전문가들이 모여 즐겁게 일하는 기업

⑧ 사회공헌활동

도미노피자는 '희망나눔캠페인' 을 통해 여러 가지 사회공헌활동을 실시해왔다. 희망나눔캠페인은 2006년 서울대 어린이 병원 환아 돕기의 일환으로 '희망나눔세트' 를 구성하고 세트의 판매금의 일부를 기부금으로 적립하며 시작된 사회 공헌 캠페인이다.

세트당 500원의 기부금을 '희망나눔기금' 으로 적립하였고, 2011년 1월에 삼성병원에 있는 소아암 환아들의 치료비로 전달하였으며 2011년 3월에는 강남 세브란스병원에도 전달하기에 이르렀다.

또한 차량 내에서 피자를 만들 수 있는 'Domino' s Party Car' 로 전국에 소외된 이웃들을 찾아가 사랑을 전달해주고 있다. 도미노 파티카는 어린이재단, 기업, 병원을 방문하여 다양한 계층의 이웃들에게 사랑을 나누어주고 있다.

이러한 행사를 통해 자신들의 기업을 홍보하는데도 많은 도움을 받고 있으며, 이러한 사회공헌활동을 통해 나눔 기업 이미지를 강화시키고 있다.

⑨ 도미노피자만이 갖는 특징

냉장저온숙성도우의 원조, 도미노피자 도우는 LTLT(Low Temperature Long Time) 발효방식에 따라 이스트의 5단계 활성주기 중 도우가 가장 맛있는 상태가 되는 3일차 도우인 성년기 도우만을 사용한다.

냉장저온숙성 도우는 반죽 속 수분이 얼지 않아 수분 보유력이 우수하여 빵을 구웠을 때 특유의 쫄깃하고 고소한 맛과 구수한 향을 내는 것이 특징이며, Hand Tossed 방식도미노피자만의 Pizza Maker로 인증 받은 전문가가 냉장 숙성된 도우를 가지고 주문이 들어옴과 동시에 직접 손으로 두드리고 펴서 만들기 때문에, 도우의 글루텐 성분이 점성과 탄성을 높여주어 씹을수록 쫄깃하고 고소한 맛이 살아난다.

또한 이탈리아노 최고급 뉴질랜드산 100% 모짜렐라 치즈를 사용하고, 그 외 에멘탈, 까망베르, 체다치즈 등 업계 최초로 유럽풍 프리미엄 치즈까지 특수 배합 사용하여 더욱 풍부하고 깊은 맛과 향의 피자를 즐길 수 있다.

기름을 전혀 두르지 않고 피자를 석쇠모양의 스크린에 올려 7분(250℃) 동안 구워내면 스크린의 구멍을 통해, 위 아래로 고르게 열이 전달되어 빵이 균일하게 구워져, 바삭함은 더해지고, 기름기는 쏙 빠져 재료 본연의 맛을 더욱 풍부하게 살려준다.

도미노 피자는 고영양 완전식품인 프리미엄 치즈, 비타민이 풍부하게 들어있는 무기농 채소토핑을 사용하여 맛은 물론 영양까지 생각하며, 안전하고 건강한 외식문화를 선도하고 있다.

피자배달가방에도 신경을 썼다. 1998년 갓 구워낸 피자의 맛을 유지하기 위해 피자배달 가방 내부에 전기 충전식 열선시스템을 부착한 'Heatwave system' 을 개발하여 피자의 맛을 결정하는 가장 이상적인 온도인 65~70° C를 45분 이상 유지시켜줄 수 있게 되어 따듯한 피자를 맛볼 수 있다.

그러나 피자를 주문하면 30분 이내로 오는 배달방식이 2011년 2월 21일부로 20년 만에 폐지되었다. 30분 배달제는 30분이 초과될 경우 소비자는 할인을 받을 수 있고, 1시간이 넘을 경우 피자 값을 지불하지 않아도 되는 제도인데, 이 제도로 인해 배달 노동자의 마음을 급하게 만들어 과속이나 좁은 길을 가도록 유도해 배달 청년들을 사고 위험으로 높였고, 실제로 배달원들의 사망사고 유발을 만들었다.

도미노피자는 다른 업체에 비해 뒤늦게 오픈했지만 파격적인 '30분 배달제 서비스로 미국 본토는 물론 전 세계에 프랜차이즈 효과를 남기며 큰 사랑을 받았다.

(8) 소비자 전략

도미노피자는 소비자의 행동을 잘 파악하여 1588-3082라는 전화번호를 가지고 30분 내에 82(빨리) 배달하겠다는 의미를 부여하였다. 또 이것을 광고로 제작하여 CM송에 가사를 삽입하여 지속적으로 들은 소비자들은 3082라는 숫자만 봐도 도미노피자를 연상하게 된다. 현재 '30분배달서비스제도' 가 폐지되었지만 3082라는 숫자를 사용하여 광고를 제작한 것은 소비자들에게 조금 더 빠르게 인식될 수 있는 좋은 전략이었다. 아울러 고객에게 더 나은 서비스를 제공하기 위한 제도를 마련하는 일도 중요한 과제로 생각하고 직원교육에 몰두하고 있다.

① 신입직원: 도미노피자는 고객만족을 위한 서비스 교육을 위해 면접을 통과한 신입직원들에게는 이틀간의 OJE(On the Job Evaluation)프로그램을 진행한다. 이것은 별다른 사전교육 없이 이틀동안 매장의 업무를 보여주어 앞으로 이 일을 할 수 있을지 여부에 대한 판단을 하게 하는 것이다.

이 프로그램을 통해 신입직원이 직접 매장의 운영을 접해보고 근무여부를 결정하게 하는 것으로 이 과정을 통해 평균 10명 중 8명 정도가 직원으로 입사하게 된다.

이러한 과정을 통해 직원과 본사 양자 간의 인력과 교육 등의 낭비를 막는 효과를 얻고 있다. 이렇게 입사한 신입직원들은 2주에 걸쳐 이론교육(팀별교육, 전산교육, 서비스교육)과 피자 메이킹 실습,

현장 OJT(오픈 3일, 마감 3일의 6일) 교육을 이수 하고 천안 공급소 견학을 마지막으로 신입직원의 교육이 마무리 된다.

② 매니저: 점포를 책임지는 매니저와 피자 메이킹, 신입직원들의 교육을 담당하는 선입 MIT(Manager In Training)의 경우에는 3개월에 한번 씩 교육이 진행되며 매니저가 되기 위해서도 1년 여에 걸쳐 3번의 교육을 이수 한다.

③ 슈퍼바이저: 슈퍼바이저는 직영점과 가맹점이 나눠져 운영되는데 매니저 과정 교육을 수료하고, 2년 이상 근무한 사람에 한해 1개월간 STP(Supervisor Training Planning) 교육을 이수하게 한다.

이 밖에 가맹점 교육으로 신규 가맹점 교육(IFDP)과 가맹점 매니저 과정 교육이 있다. 가맹점주는 매장을 오픈하기 전 본사와 실습장에서 이론 및 실습 교육을 받고 6일 간의 OJT 교육을 거친 뒤 직영점에서 2주 동안 파견 근무하는 등 1달간의 교육과정을 마쳐야 한다. 또한 가맹점 매니저 과정교육은 3개월 이상 근무한 기존 매니저나 직원에 한해서는 매달 마지막 주 3일간 교육을 하게 되고 일정기간이 지나면 보수교육이 이루어진다.

④ 팀소개: 고객의 니즈를 반영한 운영을 모토로 하는 도미노피자는 마케팅기획팀에서 애플리케이션 업무를 전담한다. 모바일에서 앱은 소비자와 직접적으로 만나는 창구이기 때문에 고객과 접점에서 일하는 부서가 담당한다. 마케팅기획팀은 애플리케이션을 이용하는 고객이 한눈에 모바일 서비스를 이해하고 메뉴를 쉽게 주문할 수 있도록 심플한 디자인과 명료한 프로세스를 구축하고 있다.

도미노피자 마케팅팀은 애플리케이션을 만들기 위한 사전기획부터 사후관리까지 개발을 제외한 대부분의 단계를 총괄 운영한다. 시장조사를 기반으로 고객에게 필요한 프로세스에 대한 큰 틀을 잡고 디테일한 요소를 구상해 개발자에게 주문한다. 이후 애플리케이션 구동 등 다양한 사후테스트를 거친 후 고객에게 선보인다. 매달 신제품과 이벤트를 업데이트해 볼거리가 많은 애플리케이션을 만들기 위한 노력도 마케팅 부서의 몫이다. 또 고객의 의견을 실시간으로 모니터링해 각종 버그를 꾸준히 치료하고 개선하는 역할도 담당한다.

⑤ 운영전략: 더 쉽고 정확한 주문 시스템을 위해 세계 각국에 있는 도미노피자는 나라마다 다른 전략으로 소비자 시장을 공략한다. 도미노피자는 IT를 결합한 온라인 시장에 주력하기 위해 다양한 서비스를 접목한 애플리케이션을 선보여 고객에게 더 많은 체험과 재

미를 제공하고 있다. 모바일 주문서비스는 '전화보다 더 쉬운 주문, 현장보다 더 명확한 주문' 을 목표로 서비스를 확대해오고 있다. 한 눈에 들어오도록 화면을 디자인하고 프로모션 등 공지와 주문 시스템을 단순하게 만들어 누구나 쉽게 이용할 수 있도록 개발했다. 앱 주문 서비스는 시행 초기 주문율이 매우 낮았으나 현재는 전체 주문의 1/3 정도를 차지할 정도로 많은 고객이 이용 중이다.

도미노피자는 스마트폰의 보급이 활발하게 이루어지던 2010년 국내 외식업계에서 최초로 아이폰과 아이팟에서 주문 가능한 '도미노피자' 애플리케이션을 출시했다. 20일 만에 14만명 이상이 다운로드해 비즈니스 앱 1위를 차지한 바도 있다.

2015년에 선보인 '마이키친' 앱은 고객 맞춤형 피자를 만들 수 있는 서비스다. 론칭 이후 국내 언론매체뿐만 아니라 중국 국영방송 경제채널 CCTV-2에 방영함으로써 혁신적인 모바일 기술 사례로 관심을 끌고 있다. 또한 마이키친은 디지틀조선일보가 주최한 앱 어워드 코리아에서 베스트 앱에 선정되는 등 각종 협회가 주관하는 프랜차이즈 업계 앱 부문에서 상을 받아 그 우수성을 상징적으로 보여주고 있다.

⑥ 애플리케이션 소개: 초고속 주문을 위해 도미노피자는 두 개의

애플리케이션을 운영하고 있다. '도미노피자' 와 '마이키친' 이 그것이다. 도미노피자 앱은 메뉴와 주문, 이벤트, 매장 위치 등 전반적인 정보를 제공하고 있다. 마이키친은 자신의 취향대로 피자를 만들 수 있는 앱으로 두우부터 소스, 토핑까지 스스로 선택할 수 있는데 전 과정을 3D로 구현해 젊은층에게 인기다.

향후 도미노 피자는 애플리케이션으로 메뉴부터 할인 결제까지 여러 절차를 거치지 않고 바로바로 주문할 수 있는 '초간단, 초스피드 시스템' 구현에 주력하고 있다.

도미노피자는 '애플리케이션은 생물(生物)' 이라는 개념 아래 꾸준히 앱을 관리하고 있다. 지난 2015년에는 고객이 선호하지 않는 방문포장 주문 서비스의 접근성을 높이기 위해 '레이스' 라는 개념을 도입, 모바일 앱을 리뉴얼했다. 새롭게 추가한 '도미노레이스' 서비스는 고객이 온라인 방문포장 주문을 하면 피자가 완성되는 시간을 나타내는 15분이 자동으로 모바일 화면에 나타난다. 사용자가 매장으로 출발하면서 Start 버튼을 누르면 레이스가 시작되는데 GPS를 기반으로 이용자의 위치와 이동거리를 체크한다. 매장에 도착해 피자를 수령하면 타이머가 자동으로 종료되는데 누적된 기록은 할인 쿠폰으로 돌려준다. 또한 '배틀레이스' 라는 코너를 만들어 회원간의 경쟁을 유발해 많은 고객이 호기심을 가지고 접근할 수 있도록 했다.

청오디피케이㈜에서 운영중인 도미노 피자는 국내 약 421개(직영 101개, 가맹 320개)의 매장수를 보유하고 있으며, 인기 메뉴로는 직화·갈릭 스테이크, 베이컨체다치즈, 포테이토 피자 등이 있다.

2. 미스터 피자

1) 미스터피자의 역사

미스터피자를 운영하고 있는 MPK그룹은 '세계 어디서나 만날 수 있는 글로벌외식문화기업' 을 추구하며 국내를 넘어 세계로 활발하게 진출하고 있는 기업이다.

(1) 잠재력 큰 시장 중국, 첫 해외진출국으로 선정

미스터피자는 2000년 첫 해외진출국으로 중국을 선택했다. 첫 진출 국가로 중국이 가장 적합하다고 판단한 이유는 무엇보다 세계에서 잠재력이 가장 큰 시장으로 내다봤기 때문이다.

이후 2007년 미국시장에 진출했으며, 지난 2015년에는 필리핀에도 매장을 오픈했다. 필리핀은 서구식 외식 문화에 익숙한 특성과

K-pop 등 한류 열풍을 기반으로 한국음식에 대한 높은 선호도 덕분에 성공을 확신할 수 있었다.

(2) 해외파트너 선정 기준

미스터피자가 해외에서 빠르게 자리 잡을 수 있었던 것은 국가별 진출형태를 달리하고 그에 따른 해외파트너를 효과적으로 선정했기 때문이다. 미스터피자는 자본과 네트워크가 우수한 현지 유력기업을 파트너 선정 기준으로 삼고, 자본 조달 및 매장 입지 선정과 확보 등에 다양한 인프라를 갖고 있는 기업과 합자투자, 혹은 마스터프랜차이즈 형태로 해외에 진출하고 있다. 이 외에도 현지 출점에 따른 인허가 문제로 인해 정부와의 원만한 관계 설정도 필요하기 때문에 해당 지역의 대관업무를 무리 없이 진행해줄 기업을 선정, 파트너십을 맺고 있다. 또한 중국 내 2개의 법인을 운영하고 있는데 2013년부터 중국시장 확대에 가속도를 붙일 수 있었던 가장 큰 요인 중 하나로 중국 대형 유통·부동산 기업인 골든이글그룹과 합자법인 설립을 손꼽는다. 특히 점포 개발에 있어 골든이글그룹이 운영하는 백화점, 쇼핑몰, 대형유통상가에 출점해 중국 내 미스터피자 매장을 빠르게 확산시킬 수 있었다. 또한 출점에 따른 인허가 문제도 어려움 없이 해결했으며, 현지 인력확보 및 매장개설과 관리에도 도움이 됐다.

㈜MPK Group Inc.의 미스터피자는 1990년 창립됐으며, 현재 국내 매장수 약 430개(직영 20개, 가맹 410)개를 보유하고 있다. 이곳의 인기 메뉴는 국내-쉬림프 골드, 국외-포테이토 골드이다.

〈표 25〉 해외진출 정보

진출국가	중국	미국	필리핀
진출연도	2000년	2007년	2015년
진출형태	합자투자	단독투자	마스터프랜차이즈
점포 수	108개	5개	3개
법인 수	2개	1개	-

자료: MPK그룹, 진출 브랜드 미스터피자, 2015년 12월 기준

(3) 현지화한 경영방식의 운영 효율성

미스터피자는 국가별 피자 맛이 거의 똑같다. 모든 국가에서 미스터피자의 기본 원칙인 300% 원칙을 지키면서 거의 동일한 제품을 만들어내고 있다(300% 원칙 : 100% 수타, 100% 수제, 100% 석쇠구이). 단, 운영의 효율성을 위해 해외 매장은 모두 현지 식자재를 사용하고 있다.

이를 위해 매장 오픈 전 현지에서 식자재 공급처를 사전에 확보하고 유통망을 형성하는 등 인프라를 구축해 놓고 있다. 인력 구성 역시 현지인을 채용하는데 한국에서 고용해 해외로 파견한 직원들이

기본 틀을 잡고, 매장의 실제적인 운영과 실무는 현지인이 담당하는 식이다.

미스터피자의 해외매장은 90% 이상의 식자재를 현지에서 조달하며 현지인의 기호에 맞춰 기존의 제품을 조금씩 다르게 손질하기 때문에 미세한 맛의 차이는 있을 수 있다. 하지만 대부분의 국가별 미스터피자 맛은 동일하며, 대신 각국의 식문화에 따라 메뉴 구성에 약간의 변화를 주고 있다.

(4) 현지의 문화와 환경에 걸맞은 마케팅

브랜드를 알리는데 가장 중요한 작업 중 하나인 마케팅 역시 현지 직원이 마케팅 업무를 담당한다. 다만 독자적인 마케팅을 진행하기 보다는, 본사의 마케팅을 기반으로 하여 현지 문화와 환경에 맞게 변경하여 진행하는 것이 특징이다. 브랜드의 아이덴티티를 알릴 수 있는 매장구성 역시 미스터피자의 효과적인 간접 마케팅이라 할 수 있다. 최근에는 중국 내 다양한 TV 예능프로그램에 연이어 출연하며 브랜드를 효과적으로 알릴 수 있었으며, 매장에서도 춘절 마케팅 차원으로 도우쇼를 선보여 좋은 반응을 이끌었다.

직접 보고 즐길 수 있는 쇼를 좋아하는 중국인의 취향에 적중한 드림팀은 미스터피자의 인기 상승에 가속도를 더했다는 평가를 받고 있다.

(5) 15년 만에 흑자전환 성공

미스터피자는 중국 2개 법인(미스터피자진잉찬음관리상하이유한공사-MPS, 베이징미스터피자찬음관리유한공사-MPB)에서 641억원의 매출로 11억2000만원의 순익을 달성하며 흑자전환에 성공했다.

MPK그룹은 중국 사업의 방향으로 전체 외형성장과 동시에 영업이익 향상에 주력하고 있다. 상하이, 베이징을 중심으로 한 2 · 3선 도시에 가맹사업을 확대하고 광저우에 새롭게 진출해 1500억원의 매출을 올렸다. 또한 중국에서의 성공을 바탕으로 필리핀, 태국, 베트남, 싱가포르 등 동남아시장에도 본격적인 진출을 시도하고 있다.

2) 미스터피자의 경영이념

(1) 다양한 모임을 위한 다이닝에 배달까지 미스터피자의 이유 있는 변신

미스터피자의 특별한 변화가 시작됐다. 미스터피자 방배본점이 1인 고객과 단체 모임을 위한 세련된 다이닝으로 탈바꿈 한 것이다. 메뉴 가짓수를 대폭 줄이는 대신 다양한 식재료로 퀄리티를 높인 '선택과 집중' 형 샐러드 바를 설치하고, 캐주얼한 유로피안 다이닝 메뉴와 맥주·와인 등 주류 구성, 고급 레스토랑이나 대형 카페와도 같은 시원시원한 인테리어를 더해 완벽하게 변신한 것이다. 여기에 배달 수요 증가에 따른 새로운 콘셉트의 딜리버리 전문 매장을 론칭하며 외식 트렌드에 완벽하게 적응하고 있다.

① 미피레토, 미라스 콘셉트 가미: 미스터피자가 세련되어진 이유는 아이들과 가족 외식 중심의 브랜드였던 미스터피자가 최근 방배본점을 시작으로 고품격 다이닝으로 업그레이드 됐기 때문이다. 세련된 유로피안 레스토랑이나 서울 성수동 카페거리에서나 볼 수 있을 법한 멋스러운 카페 같은 공간으로 탈바꿈한 것이다.

가족고객을 타깃으로 한 밝은 색상의 4인 테이블 대신 1인, 2인 고객을 위한 미니 2인석부터 8인석, 그리고 각각 다른 콘셉트와 느낌을 구현한 프라이빗 룸까지 구비하고 다양한 고객 니즈에 부합하는 데 주력하고 있다.

미스터피자가 새롭게 접목한 콘셉트는 '미피레토' 와 '미라스' 다. 미피레토는 미스터피자 레스토랑, 미라스는 미스터피자 테라스의 줄임말로 단체 모임에 적합한 테라스 공간을 두고 분위기와 품격을 살린 레스토랑 공간을 구현한 것이다.

방배본점의 경우 분리형 공간에 전면 통유리를 설치해 자연 채광이 들어오는 테라스를 만들어 단체고객 예약을 받고 있다. 20여 명까지 수용 가능하며 단체 사용 시 주문 금액의 20% 할인 서비스를 제공한다. 사방의 통유리 밖으로 펼쳐진 계절의 변화를 느낄 수 있는 데다 수준급 음향시설과 와인 셀렉션도 보유하고 있어 연말연시 파티나 각종 단체모임에 탁월하다.

② 다양한 식사메뉴·주류 구성으로 고객층 확대: 미스터피자는 다이닝 콘셉트를 접목하면서 다양한 식사 메뉴 구성에 주력하고 있다. 우선 기존 미스터피자의 대표 메뉴인 쉬림프골드나 하프앤하프뿐 아니라 라이스와 파스타, 감자튀김, 빠네, 샐러드등 다양한 식사와 사이드메뉴를 강화하고 마르게리따 피자나 파머스피자, 디아볼라 피자 등 다이닝 레스토랑에서 판매하는 뉴욕 맨해튼 스타일 씬 피자도 골고루 구성했다. 미스터피자의 가장 큰 경쟁력인 피자를 중심으로 다양한 캐주얼 다이닝 메뉴를 개발하면서 방문 고객층이 가족 외식뿐 아니라 20~30대 여성과 젊은 비즈니스맨, 40~50대 중년층의 동창회 모임으로까지 확대됐다. 방배본점의 경우 점심시간 직장인과 주부고객의 방문율이 30% 이상 늘었다. 김치퐁듀라이스나 오사카고기덮밥, 톡톡새우빠네, 씨푸드토마뽕파스타 등 7000~8000원대 라이스와 9000~1만 원대 파스타 주문율이 높다. 생맥주와 다양한 고급

와인 라인업으로 저녁시간에는 직장인과 중·장년층의 각종 모임이 나 회식 예약이 주를 이루며 샐러드나 디저트, 사이드메뉴추가 주문에 주류 매출까지 더해 테이블 단가가 리뉴얼 전보다 평균 15~20% 올랐다. 또한 미스터피자에서 준비한 비장의 카드로 신 메뉴 두가지를 출시했다. 화려한 비주얼의 로열홍새우와, 한국인 입맛에 맞게 개발한 부대 리조또다.

③ 연말 모임을 더욱 빛나게 해주는 로열홍새우: 로열홍새우는 피자에 홍새우를 나란히 세워 구워내는 피자로 마치 왕관 같은 독특한 비주얼이 돋보이는 신 메뉴다. 청정 남극해에서 공수해 오는 홍새우는 국내산 흰다리 새우보다 크기가 1.5배가량 크고 신선하며 비린 맛이 없다는 것이 특징이다. 비스크소스로 해물 맛을 더한 홍새우를 불맛이 배도록 구워 올려내고, 리코타치즈와 파인애플로 고소하고 달콤한 맛을 가미한 피자가 잘 어우러진다.

④ 부동의 1위 오븐치즈 미트 스파게티와 부대 리조또: 부대찌개 소스 베이스의 부대 리조또는 부대찌개 특유의 짭짤하고 매콤한 소스가 밥과 잘 어우러져 얼큰하면서도 친숙한 맛에 반응이 상당히 좋다. 그동안 미스터피자에서 가장 인기 있는 식사메뉴는 오븐치즈 미

트 스파게티였다. 2000년 이전 출시된 제품으로 십수년간 미스터피자 부동의 1위 메뉴였는데, 최근 선보인 부대 리조또에 1위 자리를 내줬다. 부대찌개 소스와 고소한 피자치즈의 조화가 탁월하다. 부대찌개 소스는 대상㈜ 쉐프원에서 공급받고 있다. 볶음밥이나 필라프, 파스타 등 다양한 식재료에 쉽게 접목할 수 있고 이색 메뉴로 어필할 수 있어 외식업소 반응이 상당히 좋다.

⑤ 완성도 높인 셰프메이드 샐러드 바: 미스터피자 충성고객 중 대부분이 샐러드 바 때문에 찾는다고 해도 과언이 아닐 만큼 미스터피자는 샐러드 바가 대표적이다. 피자 브랜드 중에서 샐러드 바를 처음 시작한 선두주자이면서 30~40여 가지의 다양한 샐러드와 요리를 구성해 만족도가 높다.

그러나 최근에는 가짓수만 많은 샐러드 바 대신 완성도 높은 핵심 메뉴만 간추려놓은 '선택과 집중' 형 샐러드 바가 호응을 얻으면서 미스터피자 역시 메뉴를 10여 가지로 대폭 줄이고 주방장이 손수 만든 셰프메이드 요리로 새롭게 구성했다.

샐러드 바는 프레시 가든, 이탈리안 리치 샐러드, 셰프 메이드 피클, 스위트 디저트, 월드 핫 존 등 5개의 존으로 나누어 애피타이저와 멕시칸 타코미트, 일본식 데리야키 치킨, 영국식 매쉬포테이토,

한국의 떡볶이 등 각국의 다양한 요리와 디저트 등 다양한 수제 요리를 1인 4800원에 제공한다. 특히 샐러드 바의 모든 메뉴는 고객 입맛에 맞게 D.I.Y 형태로 만들어 먹을 수 있으며 점심과 저녁에 한정적으로 이용 가능하다.

④ 소자본 창업을 위한 중소형 배달 강화 매장 론칭 : 미스터피자는 브랜드 리뉴얼뿐 아니라 창업 시장에서도 새로운 콘셉트의 매장을 론칭했다.

1인 가구와 '혼술·혼밥족' 들이 늘어나는 외식 트렌드에 따라 배달 경쟁력을 강화한 중소형 매장을 선보인 것이다. 132.23㎡(40평) 이상 규모로 2층에 주로 입점했던 기존 미스터피자 매장과 달리 중소형 매장 규모는 82.64㎡(25평) 이상이며, 주택가 배후의 메인 도로나 대학가, 2차 상업지역 1층에 출점했으며 점차 확대중이다.

새롭게 선보이는 중소형 매장의 가장 큰 변신은 배달에 적합한 메뉴 구성이다. 지금까지 대형 피자 브랜드에 대한 이미지는 아이들이나 젊은층 기호에 맞는 가족 외식 장소 정도였다. 밝은 조명과 인테리어, 한정된 피자와 사이드메뉴 구성으로 다양한 고객층을 유치하는 데는 한계가 있었던 것이다.

미니 테이블 배치로 내점도 가능하며 정통 프라이드치킨인 '미피

더치킨' 과 간장, 양념치킨 등 배달 고객이 선호하는 치킨 메뉴 도입과 이 밖에도 배달 매장에 적합한 다양한 메뉴를 지속적으로 개발해 나가고 있다.

(2) 미스터피자의 세계 1등 브랜드 도전

〈미스터피자〉는 창업 초기부터 수타, 수제, 석쇠구이라는 300% 원칙에 충실한 '미스터피자는 生生生, 100%, Live' 라는 브랜드 슬로건으로 고객만족을 실천해왔다. 저온 숙성시킨 생도우를 손으로 직접 때리고, 모를 심듯 정성스럽게 손으로 토핑한 뒤, 석쇠에 굽는 조리법으로 '기름기 없고 담백한' 최고의 피자를 만들어 낸다. 현재 국내 401개, 해외 28개의 매장을 갖고 있으며 '국내 1등을 넘어 세계 1등 브랜드' 로 정진중이다.

① 20대 여성에게 탑브랜드로: 최근 한 매체에서는 대학생과 가장 밀접한 브랜드를 알아보기 위해 남녀 대학생 600명을 대상으로 '캠퍼스탑브랜드' 를 조사했다. 피자 브랜드의 경우 〈미스터피자〉가 43.3%로 1위를 차지했다. 특히 여학생의 선호도가 52%로 매우 높게 나와 〈미스터피자〉가 20대 여성을 타깃으로 한 전략이 성공했음을 알 수 있다. 이밖에도 〈미스터피자〉는 외식업계 기준 상위권의 브랜

드인지도와 신뢰도를 가지고 있으며, 매년 ㈜브랜드스탁 등 브랜드 조사기관을 통해 외식업계 중 상위권 브랜드 이미지로 조사돼 발표되고 있다.

〈미스터피자〉는 제품의 절대 우위를 통해 '빨리빨리 만들어 먹는 인스턴트 피자'가 아니라 '정성껏 손으로 만드는 정통 수타피자'로 고객들의 뇌리에 확실히 자리매김했다. 또한 '피자'라는 세계 음식에서도 '기름 뺀 전통 수타피자'로 차별화하여 세계에서 로열티를 받아들이는 국내 대표 브랜드로 성장하는 과정에 대해서도 적극적인 홍보를 하고 있다. 〈미스터피자〉는 브랜드의 이미지가 고객인지측면에 있어서 매출로 바로 이어지기에, 외식업계는 다른 어떤 분야보다 더욱 브랜드력이 중요하다는 점을 분명히 인식하고 있다. 마케팅도 브랜드를 알리고 신뢰를 얻기 위한 전략에 충실했다.

② 고객과의 소통: 프랜차이즈 시장 포화와 함께 창업 경쟁구도는 갈수록 치열한 상황에서 〈미스터피자〉는 피자 업계 최초로 기업 트위터를 오픈해 고객들을 만나고 있다. 제안한 아이디어를 바탕으로 '트위터 유저와 함께하는 프로슈머 연말 파티'를 진행하며 고객들의 의견을 적극 수용하고 있다. 고객들의 편의를 반영해 다양한 SNS 연계 서비스를 시행하는 차원에서 '페이스북 연동 주문 서비스'를

피자 업계 최초로 선보이기도 했다. 또한 스마트폰 어플리케이션을 출시, 스마트폰으로 주문 시 가격을 할인 해주는 등의 다양한 혜택을 제공하고 있으며, 피자 업계 최초로 QR코드를 활용한 이벤트 프로모션, 국내 위치 기반SNS '아임IN' 제휴 이벤트 등 새로운 툴(Tool)을 활용한 마케팅 활동을 활발히 전개하고 있다.

또 '랍스타 피자' 출시 당시에는 이를 기념하여 대표적인 스마트폰 메신저 서비스 '카카오톡' 과 제휴해, 〈미스터피자〉와 '플러스 친구' 가 되면 다양한 혜택을 제공하는 프로모션을 진행하기도 했다. 그리고 '다독이 피자' 출시 이후 홈페이지, 블로그와 페이스북 등 여러 SNS 채널을 통해서 신제품과 관련된 다양한 이벤트를 활발히 진행해 많은 고객들의 적극적인 참여를 유도하고 있다. 그 외 '미소단' (미스터피자 소비자 평가단) 운영과 '러브바이러스' (여성 마케터 활동), 도우쇼 컨테스트 등 흥미로운 이벤트로 고객들의 관심을 모으고 있다.

③ 중국공략의 원년으로: 〈미스터피자〉는 초창기부터 '맛' 을 강조했다. 창업 초기부터 수타, 수제, 석쇠구이라는 '300% 원칙' 에 충실한 '100% Live' 라는 브랜드 슬로건으로 고객만족을 실천해왔다. 장기간 저온 숙성시킨 100% 생도우만을 이용해 쫄깃하고, 전 매

장이 모두 동일하게 미리 피자를 만들어 놓지 않고 주문 즉시 피자를 만들어 제공하기 때문에 신선하다. 모를 심듯 정성스럽게 손으로 토핑한 뒤, 석쇠에 굽는 조리법으로 '기름기 없고 담백한' 최고의 피자를 만들어 낸다. '빨리빨리 만들어 먹는 인스턴트 피자' 가 아니라 '정성껏 손으로 만드는 정통 수타피자' 라는 점을 거듭 강조해 '여성들을 위한 피자' 라는 점도 확실히 각인시켜 '젊고, 생동감 넘치는 브랜드' 이미지를 심었다.

'신발을 정리하자' 라는 사훈에서 보듯 기본에 충실한, 고객을 먼저 생각하는 제품력과 서비스로 성공 반열에 오른 〈미스터피자〉. 〈미스터피자〉는 새해의 큰 화두로 해외사업에 집중하고 있다. 상해 1호점을 시작으로 중국공략의 원년으로 삼아 중국 시장에도 집중하고 있다.

〈미스터피자〉를 알리기 위한 노력은 여러 가지였다. '피자헛 드셨습니다' 라는 파격 광고로도 화제였다. 결정적으로 '맛있는 수타 피자' 라는 이미지를 심은 것은 주방을 공개하면서 부터다. 이곳의 주방은 누구나 볼 수 있도록 개방되어 있다. 도우를 꺼내 수십 차례 때리고 공중으로 저글링하여 크기를 결정한 뒤 손으로 하나하나 정성껏 토핑해서 석쇠에 구워내는 광경은 언제봐도 신기하고, 믿을 수 있다는 평이다.

또한 국내 대표 피자브랜드에서, 해외에서의 성공적인 안착을 통해 글로벌 피자 브랜드로 자리매김하고 있다. 이제 해외 사업에도 집중해 브랜드 이미지 제고에 힘쓰는 이유이다.

3) 미스터피자의 경영전략

미스터피자(Mr. Pizza)는 대한민국의 피자 전문 브랜드이다. 미스터피자는 본래 일본의 소규모 피자전문점이었다. 1990년 정우현 회장이 일본 미스터피자의 상표권을 도입하여 ㈜한국 미스터피자를 설립, 이화여대 부근에 첫 피자 매장을 열면서 시작되었다. 이후 대한민국 내의 미스터피자 사업은 급성장한 반면, 일본 내에서는 쇠락의 길을 걷다가 상표권만 남기고 사업을 중단했다. ㈜한국 미스터피자는 일본을 제외한 미스터피자의 상표권을 얻어 미스터피자는 완전히 대한민국의 피자 브랜드가 되었다.

이후 해외진출도 시도하여 2000년 중국, 2007년 미국에 매장을 열었다. 2010년 일본 내의 미스터피자 상표권도 취득하였다. 미스터피자는 여성들이 선호하는 취향의 메뉴를 개발하여, 피자의 주된 소비층인 20대~30대 여성에게 특히 인기가 높아 더욱 성장할 수 있었고, 2008년~2009년을 기점으로 피자헛과 도미노피자를 제치고 대한민국의 피자 전문점 중에서 매장수가 가장 많아졌다.

네이밍은 피자의 원산지라 할 수 있는 이탈리아, 미국 등에서 주로 남자들이 피자를 제조하는 모습에서 착안한 것이다. 형태는 도우를 수타와 공중 회전시켜 제조하는 과정을 형상화하였다.

수타 후 공중 회전시키는 제조과정을 손 모양 위에 빵이 회전하는 형상을 모티브로 하였으며, 남자들이 제조하는 느낌을 담아 굵고 힘있는 서체를 사용하여 전체적으로 남성의 느낌이 나도록 시각적으로 표현한 디자인 스토리가 담겨 있다.

미스터피자는 2000년에 중국에 진출해 매장을 운영 중이고, 중국 유력지 북경만보가 선정한 우수 피자점으로 선정되었다. 미스터피자는 중국에서의 경험을 바탕으로 미국 및 동남아 시장에도 본격적으로 진출하였다.

이미 2007년 1월 미주 1호점, 2009년 1월 미주 2호점을 오픈하였고 미국 서부지역을 중심으로 가맹점 사업을 진행했다. 미국 1호점인 월셔점은 2년 연속 'ZAGAT' 에 선정되는 등 외국 현지에서 미스터피자는 좋은 평가를 받으며 브랜드 경쟁력을 키워가고 있다.

독특한 빵의 발효방법 또한 특징이다. 정통 수타피자라는 점을 차별화 포인트로 내세우고, 과학화된 매뉴얼 Q.Q.S.C(Quick, Quality, Service, Cleanness)에 의한 철저한 매장관리를 하고 있다. 미스터피자는 전국 어디서나 고품질의 물류를 저렴하고 신속하게 공급 받을 수 있도록 서울 중앙 물류 공급소를 비롯해 부산, 대구, 대전 등에 물류 공급소를 운영함으로써 품질을 균등화 시켰다.

(1) 사회 공헌 캠페인

"사랑 나눔을 통한 행복한 세상 만들기" 라는 슬로건 아래 미스터피자는 기업이익의 환원 활동을 통해, 사회 구성원으로서 사회 발전에 이바지하고자 캠페인 활동을 하고 있다.

〈표 26〉 사회공헌 캠페인

이웃사랑	·사랑의 도시락 파티 및 임직원 자원봉사활동 ·매장별 사랑의 피자배달
문화사랑	·장애 예술인 지원 사업 ·지역주민을 위한 열린 음악회 개최
환경사랑	·사내 그린캠페인 - 전사 일회용품 사용절감 캠페인 - 미사용 전기제품 전원 차단 ·지역사회 크린 캠페인
가족사랑	·임직원 및 가족문화의 날(미피문화데이) 지정 ·임직원 가족 사랑하기 - 신규입사자의 가족에 대한 감사의 마음 전달하기

현재 미스터피자의 위치를 알아보는 것으로서, BCG 매트릭스 이론에 의하면 현재 미스터피자는 Cash Cow와 Star 사이에 있다고 볼 수 있다. 이는 피자업계에선 이미 어느 정도 수준의 시장점유율을 보이고 있으며 현재 성장률을 높이기 위해 노력중이기 때문이다.

(2) SWOT 분석

① 강점(Strength): 담백한 수타 도우와 석쇠로 굽는 기술로서 담백한 맛을 강조하여 타 브랜드와의 차별성을 갖는다. 그리고 성공적인 여성마케팅으로, 특정 타깃 없이 브랜드의 이미지를 갖추지 못했던 초기와는 달리 현재는 '여성을 위한 피자' 라는 슬로건을 내세우며 전략적 Targeting과 Positioning을 통해 확고한 고객층 확보에 이점을 갖게 되었다.

② 약점(Weakness): '여성' 과 '젊은' 고객대상의 집중적인 마케팅이 이루어졌으나 광고활동의 전략은 비체계적으로 이루어져 브랜드 이미지가 모호하게 만드는 결과를 초래하게 되었다.

또한 일관성이 결여된 매장관리로 현재 전국적으로 미스터피자의 매장 수는 증가하고 있지만 단기간 동안 급격한 확장전략을 추진하는 데에 수반되는 개별 매장관리의 문제점이 드러나고 있다. 소비자

서베이 결과, 인테리어나 매장분위기의 일관성 부족, 서비스 일관성이 취약하다는 지적은 이를 반증해주고 있다.

특히 시장에서 '분석자' 의 위치에 있는 미스터피자 경쟁사에 비하여 메뉴와 서비스의 개발이 뒤처지고 있는 상황이다. 예를 들어, 피자를 자주 많이 먹는 고객인 20대 여성의 대부분은 피자를 먹을 때 매장에서 샐러드 바를 같이 이용한다. 하지만 미스터 피자는 최근에 들어서야 샐러드 바 서비스를 제공하였다. 또한 최근에 피자헛이 출시한 '2인용 피자' , '핫 서비스' 등의 매출 효자상품 및 서비스 등은 미스터 피자에서는 아직 찾아볼 수 없다.

그밖에 전체 피자시장에 배달이 매출에 차지하는 비중이 매우 높다. 그렇기 때문에 미스터피자도 피자의 배달에서 선두 업체인 도미노피자와 같이 인터넷 주문 서비스와 원넘버 서비스를 도입했음에도 불구하고 전체 매출에서 배달이 차지하는 비중이 경쟁사 대비 낮은 편이다.

③ 기회(Opportunity): 국내에서 웰빙트렌드가 지속되고, 현대인들의 건강식품에 대한 관심이 증대하고 있는 상황에서 "기름기를 뺀 수타 피자" 는 웰빙에 부합하는 제품 특성을 갖추고 있다. 또한 배달 시장의 확대에 따른 외식업 시장의 배달 매출이 증가세를 보이고

있다는 것은 미스터피자에게 있어서 매출증대를 실현시킬 수 있는 기회이다.

그밖에 동반소비 창출효과로 미스터피자의 주요 타깃층인 여성 고객들은 남성과 가족단위의 동반소비를 이끌어 내고 있으며, 이는 수익원 창출의 기회이다.

④ 위협(Threat): 저가피자시장의 확대로 꾸준한 성장을 하면서 점유율이 커져가는 중소업제의 피자 전문점들이 미스터피자의 시장 점유율을 위협하는 하나의 요인으로 작용한다. 특히 피자 레스토랑보다 조금 더 고급스러운 패밀리레스토랑이 성장하면서 이들이 외식 산업에서 차지하는 비중이 점점 늘어나고 있어서, 피자시장 전체의 위협 요인으로 등장할 가능성이 있다.

(3) STP 분석

① 시장세분화(Segmentation): 피자, 패스트푸드, 패밀리 레스토랑 등 전반적인 외식 문화를 선도하는 트렌드에 바로 20~30대 여성 고객들이 자리 잡고 있다. 피자를 주로 찾는 핵심 20~30대 여성 고객들로 나타나고 있다.

② 목표대상(Targeting): 피자에 대한 여성들의 핵심적인 부분을

조사한 결과 느끼하지 않고 기름기가 적은 담백한 피자를 원하고 있었다. 미스터피자는 기름기 없고 담백하고 깔끔한 수타피자라는 제품 특징으로 인해 여성 고객들이 매우 높은 선호도를 나타내고 있다.

③ 포지셔닝(Positioning): 여성 고객들이 공감하는 브랜드 자산인 “기름기 없이 담백한 맛” 이라는 강점을 살리는 동시에 포지셔닝 전략을 제품 중심에서 고객 중심의 시간으로 변화시켜 메인 타깃인 여성 고객들에서 집중하는 마케팅을 펼치고자 브랜드 슬로건을 ‘made for women’ 으로 변경하였으며, 새롭게 여성 타깃 중심으로 마케팅 활동을 전개하고 있다.

또한 최근에 와서는 여성 중심으로 하되 슬로건을 100% Live로 변경하여 주문 즉시 피자를 요리하는 Live-food로 바꾸었다.

(4) 4P 분석

① Product: 미스터 피자는 개점 이래 품질에 대한 자신감을 보여왔다. 특히 저온숙성시킨 반죽을 이용하여 손으로 직접 도우를 만들어 석쇠에 굽기 때문에 다른 업체에 비해 ‘건강에 좋은 피자’ 를 만들고 있다. 피자 토핑에도 신경을 많이 써 새로 출시된 떡갈비피자와 닭갈비피자를 예로 들 수 있다. 피자 토핑으로 떡을 올리는 것은

타사 제품과의 차별화를 두기 위함이며, 골드, 누드, 쿠키, 오리진, 치즈캡 등 여성들이 좋아할 만한 재료를 써서 여성 중심으로 제품을 만들어가는 것을 볼 수 있다.

그리고 신제품 떡갈비피자와 닭갈비피자는 미스터 피자의 인기 메뉴로 급 인기를 끌고 있는데 '떡앤닭 하프앤하프' 피자를 만들어 한 판에 두 가지 맛을 다 볼 수 있는 기회를 주고자 한정판매를 한다. 미스터 피자는 여러 가지 피자를 한 번에 맛 볼 수 있도록 하는 메뉴를 지속적으로 선보이고 있다.

② Price: 런치세트의 판매시간은 오전 11시부터 오후 5시까지다(단 주말, 휴일 제외). 쿠폰 및 미스터피자 카드(다른 제휴카드)와 같이 사용할 수 없으며, 포장 및 배달로 판매하지 않는다.

런치에 3가지 세트가 있는데 최소 6,000원에서 10,000원까지 할인받을 수 있고 피자는 스크린 포테이토피자와 미스터피자 콤보 중에서 선택이 가능하다.

도우와 토핑에 따른 가격 차이가 있는데 프리미엄은 26,500~34,500원 선이며 클래식피자는 12,500~22.900원 선으로 합리적인 가격에 정통수타 도우의 담백한 맛을 즐길 수 있다.

③ Place: 점포입지결정시 개설조건은 시 단위 이상의 지역, 시가지 핵심 상권, 대단위 아파트 지역의 쇼핑센터, 쇼핑몰. 영화관 등의 복합 상가, 대규모 역사 내 핵심위치, 읍 단위(단, 시 수준 상권 형성지역), 실면적 25평 이상, 점포 전면 길이 6M 이상, 큰 대로변이나 유동인구가 많은 위치이다.

배달서비스로는 원넘버 시스템(1577-0077)을 도입하였다. 2003년 11월 10일 007배달 서비스를 오픈, 12월 1일부터 본격적으로 모든 매장에서 운영하고 있다. 도입목적은 소비자들의 니즈(needs)가 배달 속도에 쏠리고 있는 점을 간파했기 때문이며 이후 배달시간을 평균 20분 정도 앞당겨서 매출증대에 크게 일조하였다.

또한 과학화된 매뉴얼 Q.Q.S.C(Quick, Quality, Service, Cleanness)에 의한 철저한 매장관리를 하고 있다. 가장 친절한 직원, 가장 깨끗한 매장을 추구하며 한결같은 마음으로 달려오고 있으며, 고객에게 모든 매장이 균일한 맛과 서비스, 분위기를 제공할 수 있도록 표준화된 매뉴얼에 의한 사전 · 사후 교육을 실시하고 있다.

미스터피자는 전국 어디서나 고품질의 물류를 저렴하고 신속하게 공급할 수 있도록 서울 중앙 물류 공급소를 비롯해 부산과 대구, 대전 등에 물류 공급소를 운영하고 있다. 미스터피자만의 신선한 맛의 비결은 바로 타사에는 없는 전국의 물류 시스템을 갖추고 있다.

그밖에 브랜드 피자업체에서 필수로 하고 있는 온라인주문으로, 직접전화를 하지 않아도 쉽고 빠르게 원하는 것을 고를 수 있고 결제도 바로 할 수 있기 때문에 편리성을 강조하고 있다.

④ Promotion: 환대산업에서 일반적인 촉진전략은 광고, 인적판매, 판촉, PR의 4가지 형태의 촉진믹스를 다음과 같이 병행하고 있다.

광고를 통해 TV, 라디오, 신문, 잡지 등의 대중매체를 통해 홍보메시지를 전달하며 인적판매에서도 판매원 등의 인적자원을 통해 일대일로 홍보를 하고 거래를 성사시키는 방법으로 홍보를 진행한다.

또한 세일이나 홍보물 등 단기유인책으로 구매를 자극하며, PR(대중이미지 관리) 측면에서는 불우이웃돕기 행사, 환경보호 운동 등의 사회·환경 친화적 활동이나 관련정보를 기사화하여 뉴스의 형식으로 대중에게 알림으로서 브랜드의 인지도를 높이고 이미지를 제고하며 궁극적으로 잠재고객을 포함한 대중에게 좋은 인상을 심어 주는 방법으로 관리하고 있다.

미스터피자는 여자를 위한 피자라는 브랜드 슬로건을 토대로 광고도 여성 위주의 광고를 많이 볼 수 있다.

- 포테이토 골드 : 배우 박해일과 이영은을 모델로 하여 '여자피자 웬말이냐? 포테이토 골드가 여자꺼냐? 여자꺼냐?' 를 외치며 기름기 없이 담백한 피자를 먹고 싶어서 미스터피자 매장 밖에서 시위를 하는 남자들과 맛있는 포테이토 골드 피자를 먹으며 즐거워하는 여자들의 모습을 대비시켜, 미스터피자는 여자들을 위한 피자 made for women 이라는 것을 알리고 있다.

마지막 Ending 트레일러에서 미스터피자를 주문하기 위해 여자목소리를 흉내 내며 전화 주문을 하는 박해일의 모습에서 피자를 먹고 싶어 하는 남자들의 모습을 코믹하게 표현하기도 하였다.

- 시크릿가든 : 국민 여동생인 문근영을 모델로 하여 비밀의 정원에서 피자파티를 하고 있는 여자들과 시크릿가든을 먹으려고 비밀의 정원 담 밖에서 애태우는 남자들을 대비 시키면서 전체적으로 기름기 없이 담백하고 샐러드 토핑의 피자이기 때문에 여자들을 위한 피자라는 의미를 전달하고 있다.

Ending 트레일러에서 남장을 한 문근영이 '남자는 뭘 먹고 사나?" 라고 멘트하는 장면을 통해 여자를 위한 피자라는 콘셉트를 다시 강조한다.

- 쉬림프 누드 : 쉬림프 누드의 주요 재료인 '크림치즈무스와 통새우' 를 공개 수배하는 형태로 구성하여, 전국의 여자들을 울리고 다니는 2인조를 공개 수배했는데 알고 보니 너무 맛있어서 여자들이 쓰러지고 울었다는 내용으로 여자를 위한 피자라는 내용을 매우 코믹하게 풀어낸다.

Ending 멘트로 문근영이 피자를 맛있게 먹으면서 "여자를 너무 잘 알어~ 어휴 응큼해!" 라면서 여자 입맛에 쏙 맞는 제품만 만들어 내는 미스터피자라는 점을 강조한다.

- 게살몽땅, 떡갈비, 닭갈비 : 요즘 인기 급상승인 한효주를 모델로 해 토핑이나 도우 위주로 피자를 보여주고 있다. 100% LIVE라는 슬로건에 걸맞게 얼리지 않은 생도우를 주방에서 만드는 과정을 보여주는 등의 고객이 신뢰할 수 있도록 하고 있다.

- 오프라인 프로모션 : 온라인 쿠폰, 회원가입을 하면 할인혜택을 받을 수 있는 기회를 주는 등 여성들이 좋아할만한 이벤트를 많이 하고 있다. 그리고 매월 7일 우먼스데이 행사는 미스터피자의 가장 대표적이고 중요한 마케팅 행사로 자리 잡고 있다.

- Woman' s Day 행사 : 매월 7일을 우먼스데이로 지정하여 여성 고객이 주문 시 프리미엄 피자를 20% 할인해 주는 행사이다. 우먼스데이 당일 매출이 평상 시 매출의 약 30~40% 이상 증가하는 효과를 보이고 있으며, 특히 프리미엄 피자의 매출이 약 70~80%를 차지하는 등 큰 효과를 보고 있다.

그렇다면 왜 여성을 위한 마케팅에 주력하는가? 여성은 세계에서 가장 영향력이 큰 소비자 집단이다. 가사를 위한 지출이든, 대기업의 구매 담당이든, 중소기업을 운영하는 여성이든 간에 여성들이 쓰는 돈은 엄청나다.

여성들이 얼마나 많은 돈을 쓰는지 감을 못 잡고 있는 기업도 많다. 그런 기업들은 시장을 이해하지 못하고 눈앞에 돈이 굴러다니는데도 나 몰라라 하고 있는 것이다. 제대로 된 마케팅 메시지로 접근하기만 한다면 충분히 충성스런 고객이 될 수 있는 사람들을 경쟁사에 뺏기고 있는 것이다. 그런 기업들은 손에 쥔 모래가 손가락 사이로 빠져나가듯 현재와 미래의 이익이 빠져나가는 것조차 모르고 있다.

설상가상으로 놓쳐버린 여성 고객 한 사람 한 사람이 승수효과를 일으켜 결국은 부익부 빈익빈 결과를 초래한다. 여성은 자신이 구매한 것을 스스로 '팔고' 다닌다. 자신이 구입했던 상품이나 서비스에 만족한 여성은 만나는 사람마다 붙잡고 이야기한다. 여성고객을 놓친 기업은 밑 빠진 독에 물 붓기 같은 허망한 짓을 해야 하는 반면, 여성 고객을 얻은 기업은 가만히 앉아서 가장 탁월한 광고 효과를 얻는다. 입에서 입으로 전해지는 소문만큼 효과적인 마케팅 수단은 없다. 공짜일 뿐만 아니라, 돈을 들이는 마케팅에 비해 더 믿을 수 있고 효과적이다. 새로운 여성 고객 한 사람으로 반복 구매효과는 물론 다른 사람에게도 권하는 승수효과를 내는 데 최고다.

- 기름기 없이 깔끔하고 담백한 여자를 위한 피자

제품 주문 즉시 손으로 때리고 공중회전을 통해 만드는 수타 제조 과정과 스크린 구이 방식으로 기름기 없이 깔끔하고 담백한 피자이기 때문에 모든 제품이 여자를 위한 피자라는 프로슈머(Prosumer) 개념으로 제품개발을 하고 있다.

- 여성 고객이 주문 시 프리미엄 피자를 20% 할인

브랜드 런칭 시부터 여성을 위한 프로모션을 지속적으로 전개하고 있으며, 특히 매월 7일 우먼스데이, 위크로 지정하여 여성고객 주문 시 프리미엄피자를 20% 할인해주는 행사와 여성들이 선호하는 경품 위주의 다양한 프로모션을 통해 여성을 위한 진정한 마케팅 활동을 하고 있다.

그밖에 매장 인테리어에 있어서도 여성들이 안락하고 편안함을 느낄 수 있도록 내츄럴(natural)한 분위기와 여성들이 좋아하는 세련되고, 모던한 분위기를 조화시켜 여성 고객을 위한 전략으로 일환하고 있다.

(5) 제품 전략

피자의 고향은 이탈리아이다. 하지만 상업화에 성공한 곳은 미국이다. 미국의 피자 브랜드들은 주문하면 곧바로 먹을 수 있도록 피자 만드는 과정을 축소하고 변형하였다. 빠른 시간 내에 피자를 만들기 위해, 냉동 도우를 해동하여 밀대로 밀어 피자빵을 만들고, 그 위에 토핑을 흩뿌린 후 팬 방식으로 기름에 피자를 구워 낸다. 그래서 미국식 피자는 패스트푸드 방식으로 만들고, 그 방식을 전 세계에 공동으로 적용하고 있다.

또한 미스터피자는 오리지널 방식 그대로 피자를 만든다. 주문이 들어오면 얼리지 않은 생도우를 직접 수타하고 공중 회전하여 피자빵을 만든다. 그리고 토핑을 모심듯이 한땀한땀 정성스레 수제 방식으로 직접 얹고, 담백한 맛을 내기 위해 전혀 기름을 쓰지 않는 석쇠구이 방식으로 굽는다. 그래서 미스터피자는 주문 즉시 100% Live하게 피자를 요리하므로 패스트푸드와는 다른 Live food라고 한다.

미스터피자는 필요에 의해서 수시로 진행됐던 서비스 교육 프로그램을 좀 더 체계적으로 진행하기 위해 경기도 청평에 자체 연수원 '메이슨 아카데미' 를 설립했다. 2년여의 준비기간을 거쳐 완공된 메이슨 아카데미는 매장 교육장과 주방 실습장, 90여 명의 행동훈련과 집합교육이 가능한 공간과 함께 최대 60여 명이 수용 가능한 숙박시설을 갖추고 있다.

메이슨 아카데미에서는 미스터 피자의 신입사원 교육과 소양교육, 부점장과 점장 등의 수시 서비스교육 등을 실시하고 있으며 피자와 파스타에 대한 아카데미도 실시하고 있다.

공채로 모집된 신입사원은 2박3일의 기본적인 소양교육과 피자 레시피와 이론, 실기에 대해 7일 동안 교육받은 뒤 매장에 배치되어 OJT형식으로 현장교육을 받고 1개월간의 신입사원 교육을 수료하게 된다.

이후 직원들에게 시행되는 서비스 교육으로 마인드 향상과정과 마인드 심화과정을 전반기, 후반기에 각 1번씩 실시하고 있으며 슈퍼바이저와 점장, 부점장은 1년에 1차례씩 업무능력 향상과정과 양성과정 교육을 받게 된다. 2000년 후반부터 꾸준히 실시되어온 이러한 서비스 교육에 이어 서비스 체계를 구축하고 맨파워를 극대화하기 위해 사내강사 양성을 위한 프로그램도 진행하고 있다.

미스터피자 직영점에서 2년 이상, 대리급 이상 근무한 근속직원 중 맡은 분야에 대한 업무능력이 뛰어난 사람들을 대상으로 외부강사와 사내강사를 통해 교육하며, 대상자들은 맡은 분야의 스킬에 대한 교안을 작성하고 이 교안에 따라 5차례 모의강의를 마련하며, 한 차례의 모의과정이 끝나면 수정과 보완을 거쳐 체계를 잡아간다. 교육부분에 있어 외부강사와 사내강의 비율이 비슷한 가운데, 강사진의 80~90%를 사내강사로 교체하였다.

또한 미스터피자는 2003년에 점장과 부점장의 필수이수과목과 연간교육시스템을 확정하고 자가학습시스템을 도입해 사이버 연수를 통한 학점 인정제도를 실시하고 있다.

그리고 EB(Education Banking) 시스템을 도입해 온라인과 오프라인을 오가는 효율적인 교육을 실시하며, 다양한 교육프로그램이 저장될 EB를 통해 직원이 직접 원하는 과정을 수료한 뒤 이수과정마다 학점을 부여하고 있다. 직원들은 원하는 교육을 원하는 시기에 받을 수 있고 본사에서는 이를 평가하여 경력관리까지 가능하게 하고 있다.

미스터 피자에서 실시하고 있는 서비스 교육내용은 다음과 같다.

첫 번째, 미소 서비스이다. 부드러운 미소 속에 부담 없는 접점이 이루어지며 상대(고객)와의 만남에서 대인공포증을 해소시킨다.

두 번째, 안내 서비스이다. 고객을 잠시 기다리게 하는 것은 대기 안내라고 하며 고객이 찾고 있는 목적지를 현 위치에서 안내하는 것을 위치 안내라고 한다. 목적지까지 직접 안내해주는 것은 수행 안내이다.

세 번째, 전화 서비스이다. 전화는 대내적으로 업무수행에 있어 필요 불가결한 기능을 담당하고 있다. 이는 인간의 오감 중 청각에 직접 호소하는 장치이기 때문에 목소리를 냄에 있어 장조음을 이용하여 듣는 사람으로 하여금 친근감과 상냥함을 그리고 자신의 적극적인 서비스를 느끼도록 해준다.

3. 피자헛

1) 피자헛의 역사

전 세계 1만4000개 점포, 14만명 고용 세계 6위 글로벌 프랜차이즈 기업의 〈피자헛〉은 소규모 영세 자영업 가게의 탄생과 프랜차이즈에 의한 성장 그리고 글로벌 기업이 되어 가는 과정을 보여준다는 점에서 흥미롭다. 〈피자헛〉은 우리나라에 1985년 들어와 수많은 피자 브랜드가 생기는 계기를 제공했다.

(1) 우연한 기회 그리고 도전

오늘날 전 세계에서 126억 달러의 매출을 올리며, 1만4000개 의 점포와 14만 명을 고용하고 있는 세계 6위의 글로벌 프랜차이즈 기업인 〈피자헛〉은 1958년 미국 캔사스주의 작은 소도시에서 생겨났다. 〈피자헛〉이 생길 당시 만해도 피자는 미국에서 일반화되지 않은 음식이었다. 대중적인 스낵 푸드는 햄버거와 핫도그였으며, 고기와 감자가 주식이던 시절이었다. 피자가 미국에 소개된 것은 이탈리아 이민자들에 의해서였다. 초기 이탈리아 이민자들이 많았던 보스턴, 뉴욕, 필라델피아 이외의 지역에서는 미국인들은 피자를 그다지 접하지 못하던 때였다. Carney 가족은 작은 식품점을 운영하고 있었다. 카니네 12 형제는 방과 후에는 가게에서 많은 시간을 보냈다. 대학생이었던 25살의 Dan Carney와 19살의 동생 Frank Carney는 어느 날 인근 가게주인 아주머니의 "신문 기사에 보니 뉴욕에서는 피자가 잘 된다고 한다. 여기는 피자가게가 없으니 한 번 해보지 않겠니?" 하는 말에 아버지의 생명보험 증서를 담보로 그 아주머니 소유의 빈 가게에서 피자가게를 열었다. 어릴 때부터 돈을 벌기 위해 아르바이트 한 경험은 이들이 쉽게 가게를 여는데 결정적인 역할을 했다.

〈피자헛〉의 'Hut(오두막)' 은 이전 가게에 걸려있던 간판을 떼고 새로 달 돈이 없어 그대로 쓰기 위해, 간판에 'Pizza' 라는 단어를 넣고 남은 겨우 세 단어만 들어갈 작은 빈 공간에 넣을 이름을 누이동생이 지어준 것이었다. 피자 만드는 방법은 동네 아저씨에게 찾아가서 배웠는데 도우 만드는 레시피를 몰라 요리 책을 보고 배운 것이 프랑스 빵과 비슷하게 되었다. 그리고는 도우를 부풀릴 때까지 기다릴 시간이 없어 얇게 만들어 납작하게 눌러 폈는데, 이것이 〈피자헛〉의 오리지날 '씬 앤 크리스피 피자헛 피자' 가 되었다.

(2) 프랜차이즈 확장 & 표준화

2차 대전 종전 후인 1950년대, 미국에서 프랜차이즈는 붐을 이루었다. 많은 제대 군인들이 민간 경제로 유입되고, 다양한 부문에서 새로운 산업이 창출되고 있었다. 〈맥도날드〉, 〈버거킹〉 등도 모두 이때 생겨났다.

카니 형제는 6개월 만에 2번째 점포를 내고 다음해 6개의 점포를 열면서 점포가 많아질수록 홍보 효과가 있다는 것을 알게 됐다. 1961년에는 전국에 걸쳐 확장을 시작했다. 초기, 그들의 피자 레스토랑 콘셉트를 확장시키기 위해 자본과 의욕이 있는 신청자 누구에게나 프랜차이즈를 팔았으며, 단위 가맹점을 파는 대신 지역을 통째로 팔았다.

그러나 첫 5년은 오점 투성이였다. 점포마다 통일된 것이 없이 제각각 이었으며, 입지 선정도 잘못되었고 관리도 엉망이었다. 가격도 점포마다 달랐다. 운영이 표준화되지도 못했고 입지 선정 기준도 없었으며 교육 연수 프로그램도 없다보니 프랜차이즈 수수료를 제대로 받을 수도 없는 처지였다. 1964년 오퍼레이션을 표준화하고 전반적인 시스템을 향상시켜 처음으로 표준화된 〈피자헛〉 건물을 세웠다.

직영점을 늘려 수익기반을 확보하고 자본 확충으로 경영시스템을 정비하여 1967년까지 점포 250개 중 직영점은 단 6개에 불과했으며 나머지는 전부 가맹점이었다. 가맹점 수수료만으로는 점포를 늘리고 성장할 수없는 상황이었다. 이때 한 가맹점주의 권유로 기업공개를 추진하게 되면서 도약의 전기를 맞게 되었다. 1968년 우선 기업공개 전, 가맹점주들로부터 가맹점을 넘겨받는 대가로 주식을 제공하는 소위 'Private offering' (공개전 사모)을 제안, 129개의 점포를 직영점으로 전환하여 수익 기반을 만들었다. 그리고 1969년 기업공개를 하였다. 상장 첫날 16불이었던 주가는 단 3일 만에 32.75불이 되어 점포를 넘겨준 점주들은 큰돈을 벌었다. <피자헛>은 점포들 간의 갈등을 피하기 위해 지역별로 프랜차이즈 권리를 팔았고, 지역별로 모두 직영점 또는 전부 가맹점으로 하는 방식을 택했으며, 1972년에는 2000개의 점포가 있었다. 이들 점포의 회계 시스템은 지역별로 다 달라, 실적 보고서는 30일 후에나 집계됐다. 회계시스템을 정비시키자 관리 비용이 줄어들고 경영 통제가 효율화됐으며, 현금 흐름이 크게 향상되었다.

첫 해외진출은 인접 국가인 캐나다와 멕시코였다. 멕시코는 미국의 한 가맹점주에게 개설 권리를 주어 진출한 것이었는데, 계속해서 많은 적자를 냈다. 결국 알고 보니 현지 직원이 돈을 빼돌리고 있었던 것으로 판명이 났다. 즉시 본사가 개입해 미국에서 1년간 근무한 스페인어를 하는 쿠바 난민 출신 직원을 보냈더니 금방 흑자로 돌아설 수 있었다. 현지 언어를 모르고는 외국에 진출하지 않아야 한다는 교훈을 얻었다. 이어서 같은 영어권 국가인 호주에 진출하였다.

(3) 펩시에 매각으로 혁신, 글로벌 성장

미국 경제의 커다란 장점 중의 하나는 기업의 인수 합병이다. 기업은 성장과 함께 전과는 다른 경영이 요구된다. 그러나 밑바닥부터

커온 기업들의 경우 기업 규모에 걸 맞는 경영관리를 하지 못해 성장이 정체되거나 실패하고 만다. 경영관리의 한계를 느끼는 소유자는 적절한 경영 관리 경험과 능력을 갖춘 사람으로 조직을 변화시켜야 하지만 기존 조직에 길들여진 사람들만으로 이를 이루기는 어려운 일이다.

〈피자헛〉의 소유 경영자인 카니는 기업 성장의 한계를 절감했다. 과감한 혁신이 필요했지만 밑바닥에서부터 같이 해온 경영진들은 이런 능력과 경험을 갖추지 못했고 외부에서 능력 있는 사람이 들어오기도 쉽지 않았다. 또한, 지속적 성장을 위해서는 자본력과 마케팅 능력이 필요했다. 〈피자헛〉의 지속적 성장을 가능하게 해줄 파트너를 물색한 결과 펩시에 매각을 선택하게 되었다. 펩시의 우산 아래서는 유능한 인재를 영입할 수 있었으며, 펩시의 다른 식품 자회사들과의 시너지 효과를 낼 수 있었다. 특히 펩시의 강력한 글로벌 마케팅 능력과 재정적 지원은 〈피자헛〉의 혁신적 성장을 예고했다.

(4) '피자 유통 기업' 으로 변신

펩시가 인수한 후 〈피자헛〉은 과감하고 혁신적인 조치들을 시행하였다. 점포에 들어와서 식사하는 레스토랑의 개념에서 소비자들이 가정뿐만 아니라, 쇼핑몰, 공항, 카페테리아, 스포츠 센터 등 어디에서도 피자를 살 수 있는 '피자 유통 기업' 으로 변신했다. 작은 피자 가게에서 피자 레스토랑으로 다시 풀 서비스를 하는 레스토랑, 그리고 배달 서비스와 쇼핑몰이나 백화점 코너에서 슬라이스 피자를 파는 '피자 익스프레스', 3가지 메뉴만을 60초 이내에 제공하는 '드라이브 스루' 점포, 해변이나 경기장을 찾아 대규모의 인원에게 동시에 대량 공급하는 '모바일 피자점' 그리고 병원, 군부대 그리고 3000 군데가 넘는 학교 식당에 대한 피자 반제품의 공급 등으로 그 영역을 무한정 확대해 나갔다.

오랫동안 같이 해온 경험 많은 가맹점주들은 새로운 개념을 도입할 때 마다 중요한 조언과 아이디어의 제공자였다. 〈피자헛〉은 미국 내에서 직영점 지역을 제외하고는 지역별로 프랜차이즈 권리를 준 결과 소수의 가맹점주들만 있어 의사소통이 원활하였다. 카니는 "1000명의 프랜차이지(Franchisee)를 가지는 것보다는 1000개의 점포를 가진 몇 명의 프랜차이지를 갖는 것이 낫다" 며 "프랜차이지는 본사가 성공할 때만이 성공하며, 본사는 가맹점이 성공해야만 성공한다" 고 말했다. 1993년 당시 가맹점의 평균 영업 기간은 13년이었으며, 가맹점은 본사가 요구하는 운영, 제품, 장식, 이미지에 대한 표준을 준수하는 이외에도 적당하다고 생각하는 방식으로 비즈니스를 운용할 수 있는 자율성이 주어졌다.

펩시의 인수 후 글로벌 확장이 가속화됐다. 특히 자유화의 물결에 편승하여 체코, 헝가리 등 동유럽 국가와 소련의 붉은 광장, 북경에도 진출 해 1990년대 초에 이미 전 세계 64 개국에 1600 개의 점포를 갖게 되었다. 당시 50억 달러였던 매출액은 오늘날 126억 달러로 늘어났다. 전 세계 1만4000개 점포 중 약 45%가 해외에 있으며 그중 중국에만 764 개의 점포를 가지고 있다. 7600개의 점포가 있는 미국에서는 여전히 피자 시장 점유율 1위(15%)를 고수하고 있다.

〈피자헛〉을 인수한 펩시는 이후 〈KFC〉와 〈Taco Bell〉을 인수한 후 이들을 묶어 'TRICON' 이란 회사로 분리 독립시켰으며 이후 추가로 식품 업체를 인수하여 지금은 'Yum! Brands, Inc' 으로 이름이 바뀌었다. 〈피자헛〉은 Yum!의 브랜드 자회사이다.

2) 피자헛의 경영이념

피자헛은 국내 시장점유율의 약 47% 정도로 업계 1위를 차지하고 있으며, Dine-in 시장과 Delivery 시장 모두에서 우위를 점하고 있다. 또 소비자들의 피자헛에 대한 브랜드 인지도는 매우 높다. 피자헛이 외식업계 최고의 브랜드로 자리매김하게 된 원동력은 바로 최고의 제품을 만들고, 고객에게 최고의 서비스를 제공하고자 노력하는데 있다.

이를 위해 피자헛에서는 다양한 프로그램을 실시하고 있으며, 그 구체적인 사례로 피자헛은 1996년 11월부터 CHAMPS 프로그램을 실시하고 있다.

CHAMPS 프로그램은 Cleanliness(매장의 청결), Hospitality(고객에 대한 환대), Accuracy(주문의 정확성), Maintenance(시설의 보수 유지), Product Quality(제품의 품질), Speed(신속한 서비스)를 토대로 직원들의 사기를 북돋고 팀워크를 강화하는 서비스 프로그램이다. 이 프로그램에 대한 감시는 암행어사(미스터리고객)를 파견하여 6개의 항목을 기준으로 각 매장을 평가하고 향후 인센티브에 반영하는데 있다.

피자헛은 1958년 미국 켄자스 주에서 프랭크와 댄 카아니 형제가 어머니로부터 600달러를 빌려 작은 레스토랑으로 시작하였고, 본사는 미국 텍사스 주 달라스에 있다. 현재 84 개국에 진출하였고, 국내에는 1985년 이태원 1호점부터 시작하여 30년간 피자 업계 1위 브랜드 자리를 지키고 있다.

현재 국내 1위인 도미노피자와의 차이점을 보면 도미노피자와는 달리 레스토랑과 배달 판매를 겸하고 있으며, 그 비율은50%, 50% 정도이다. 그리고 20대 매니아층을 주고객으로 하고 있는 도미노피자와는 달리 10대·20대 여성 및 어린이층을 주고객으로 하고 있으며 배달 판매 채널은 도미노피자와 유사하며, SK와 제휴하여 모바일 인터넷을 통한 주문이 가능하다. 그밖에 홈페이지 주문 시 휴대폰을 통한 결제가 가능하다.

3) 피자헛의 경영전략

〈피자헛〉은 피자 브랜드 중에 역사가 가장 오래됐고 브랜드 경쟁력도 있었기에 롱런이 가능했다. 직영점의 수가 많은 것도 신뢰도를 높이는 부분이다. 현재 〈피자헛〉은 총 300여개의 매장 중 직영점이 70여개로 비율이 높은 편이다. 델코 매장을 전문적으로 갖추고 있었던 것도 선택 요인 중 하나였다.

〈피자헛〉은 1990년부터 배달·포장 전문점을 운영하고 있다. 홀 매장보다 창업비용이 적었기 때문에 처음 해보는 점주에게도 부담이 적었다.

2000년 11월 인천 부흥점을 시작으로 2013년 12월에는 고양 행신역점, 그리고 지난 2016년 6월에는 파주 문산점을 오픈했다. 모두 배달·포장 위주의 매장이다. 문산점은 피자를 먹고 갈 수 있게 테이블을 마련해두기도 했다. 세 곳 모두 초기 고객을 확보하는데 상권 선정의 이점이 있었다. 인천 부흥점은 직장인들이 많아 퇴근 시간 포장 고객이 많았고, 최근 오픈한 문산점은 해당 동네에 〈피자헛〉 매장이 없었다. 상권 선정 단계부터 본사가 체계적으로 컨설팅해주기 때문에 입지 선정의 어려움이 적었다.

운영하면서 힘들었던 때도 있었다. 15년 동안 고비가 없었다고 하면 거짓말이다. 어려운 상황에서 조금만 버티다 보면 본사에서 해결책을 찾아 조치해주고, 그게 15년 동안 반복되다 보니 현재는 온전히 본사를 믿고 있다. 믿고 기다리면 그만큼 보답해 준다는 사실을 알기 때문이다.

〈피자헛〉 인천 부흥점이 장기간 운영될 수 있었던 것은 매뉴얼에 맞춰 해왔기 때문이다. 이곳 점주는 "〈피자헛〉 가맹점 매뉴얼이 상당히 세분화, 체계화돼 있다"며 이는 〈피자헛〉을 선택했던 이유이기도 했다. 매뉴얼을 완벽하게 이해하고 지키는 것만으로도 전체적인 상품력을 높일 수 있다. 그래서 그에 가깝게 구현할 수 있도록 꾸준히 노력해왔다. 본사에 대한 전적인 믿음도 주효했다. 오래된 역사만큼 피자 분야에 대해서는 전문가라고 생각해 믿고 따른 것이다. 우수고객 관리 등 본사에서 진행하는 프로모션을 적극적으로 활용해 재구매를 유도했고, 본사에서 매달 제공하는 매출분석표도 직원들과 공유하고 개선, 보완했다. 그렇게 더 많은 단골을 만들어 나갔다.

오픈 초반에는 혹시 맛이 다를까봐 걱정도 많이 했다. 프랜차이즈 가맹점은 일반 외식업소와는 다르게 운영해야 한다. 균일한 맛과 서비스를 제공하는 것이 중요하다. 어느 지점이나 같은 맛을 내야 재구매가 이루어지기 때문이다. 결국 매뉴얼대로 철저하게 지키는 것이 다른 점주들에게도 도움이 되는 것이다. 한 브랜드 안에 공생하기 위해서는 반드시 지켜야 한다.

델코 매장은 매장 특성상 점주보다는 직원들이 고객 접점에 서게 된다. 게다가 그 시간이 짧아 고객 만족도를 결정하는 데 직원의 역할이 크다. 그래서 직원 관리에 힘쓴다. 꾸준히 직원 교육을 진행해 규정 사항을 상기시키고 현장에서는 최대한 권 한 위임을 하고 있다. 외식업은 평균적으로 이직률이 높고 인력을 구하기도 어렵다 보니 급하게 구하는 경우도 많다. 그래서 아무리 급하더라도 기본 교육을 이수하고 매뉴얼에 근접하게 서비스해 현장으로 투입해야한다. 한번은 배달직원이 아주 친절했다며 그편에 편지를 전해온 고객도 있었다. 얼마나 감사하던지 그 편지를 지갑에 소중히 간직하고 다녔다.

그의 매장은 다른 가맹점에 비해 정직원수가 많은 편이다. 세 매장에 정직원이 총9명, 아르바이트생은 30여명이 근무하고 있다. 가장 오래된 직원은 오픈 초장기부터 15년 동안 같이 해왔다. 14년 동안 일하고 있는 직원도 두 명이나 있다. 이들은 모두 점장으로 진급해 각 매장을 맡고 있다.

피자집에 불이 났다. 신제품 하나가 입소문을 타더니 금방 팔려나갔다. 주춤했던 피자의 주가도 덩달아 반등했다. 주인공은 피자헛 '크런치 치즈 스테이크 피자' 다. 지난 2017년 6월 출시 후 3.5초에 한판 씩 팔렸다. 이 정도면 32년 한국 피자헛 역사상 내세울만한 히트상품이다.

우리나라 사람들이 가장 좋아하는 맛이 밸런스가 잘 맞는 제품이다. 단짠(달고 짭짤), 겉바속촉(겉은 바삭 속은 촉촉) 등 상반된 두 가지가 절묘하게, 조화를 이루는 맛, 그런 식감을 선호한다. 크런치 치즈 스테이크는 이 모든 조건을 만족한 것이다.

크런치 치즈 스테이크 피자는 일단 엣지(피자의 가장자리 도우)를 맛의 미학의 대상으로 삼았다. 빵가루가 솔솔 뿌려진 봉긋한 엣지를 베어물면 크런키한 식감이 바삭 소리를 낸다. 다음은 부드러운 무스(고구마 · 감자) 차례다. 바삭 뒤에 오는 무스는 달달하고 부드러운 맛을 극대화한다. 여기에 피자헛 특유의 기름진 팬피자도우, 두툼한 스테이크 고기까지 척척 올렸으니 감칠맛이 느껴진다.

엣지에 엄청난 공을 들였다. 빵 가루를 올려 바삭한 식감을 극대화해야 했는데 오븐에 들어가면 고온에 새까맣게 타버리기 일쑤였다. 엣지는 가볍고 드라이(건조)하게, 다른 부분은 노릇노릇하게 구워야 했으니 세심한 조리가 필요했다. 5개월간 수 천 판을 구워 현재의 제품을 탄생 시켰다.

'히트' 피자를 탄생시킨 데엔 이곳 팀장의 내공과 더불어 피자헛의 탄탄한 시스템이 뒷받침 됐기에 가능한 일이었다. 피자헛은 업계에서 가장 까다로운 소비자 검증 프로세스를 거치기로 유명하다. 시스템은 크게 ▹사전조사 C&P(Concept & Poduct) ▹사후조사 GES(Guest Experience Survey), BRS(Buying Reaction Study) ▹제품개선 3단계로 나뉜다. 초기 10여개의 제품 콘셉트를 두고 경합을 벌여 3~4개로 추린 다음, 100여명의 패널에게 합격점을 얻어야 비로소 제품으로 나올 수 있다. 피자헛은 고객의 입맛을 파악하기 위해 끊임없이 연구한다. 신제품 출시도 까다롭지만 출시 후에도 지속적인 모니터링을 통해 최적의 맛을 찾아간다.

피자가 '토핑 치즈가 많으면 그만' 이던 시절은 이미 지나 갔다. 앞으로 피자는 고급화된 식재료 위주로 재편될 것이다. 과거에 비해 피자의 인기가 다소 식었다고 하지만 씨푸드, 스테이크 등 식재료 선택이 엄격해지면서 '요리' 수준의 피자로 거듭나고 있다. 매년 그만큼 시장 파이가 커지고 있기 때문이다.

IV

피자 우수 브랜드의 성공전략

1. 피자 리딩 브랜드의 성공전략

1) 슬로우푸드를 지향하는 수제피자 전문점 ㈜알볼로F&C 〈피자알볼로〉

〈피자알볼로〉의 BI는 ㈜알볼로F&C의 청사진과도 같다. 도우 끝에 달려 있는 비행기는 피자 도우와 함께 금방이라도 하늘로 날아갈 기세다. 저가 피자와 고급화된 대형 브랜드 피자 사이에서 ㈜알볼로 F&C만의 '달인피자' 로 틈새시장을 노리고 고객 유치에 나선 〈피자알볼로〉는 패스트푸드로 인식되는 피자가 충분히 웰빙에 부합하는 '슬로우푸드' 라고 확신하고 건강한 피자로 세상에 알리고자 노력하고 있다.

(1) ALVOLO : 비상하다, 비행하다

'비행하다' , '비상하다' 라는 의미를 가진 이태리어 '알볼로(alvolo)' 처럼 피자를 통해 고객들의 입맛을 사로잡고 비상중에 있다. 이미 35개가 넘는 매장이 오픈했고 한 번 〈피자알볼로〉의 '달인피자' 를 맛본 고객들은 어김없이 재구매 할 정도다. 할인 이벤트나 무료 시식행사를 진행 하지 않아도 고객들은 〈피자알볼로〉의 단골이 됐을 정도다. 가맹점 창업 역시 마찬가지다. 〈피자알볼로〉의 피자에 반한 고객들이 가맹점주가 되고, 가맹점주의 가족들과 지인들이 새로운 〈피자알볼로〉의 가맹점주가 되는 식이다. ㈜알볼로F&C는 '제대로 된 피자' 로 승부하겠다는 야심찬 비행이 목표이다.

(2) 호텔조리학과 출신 형제가 만드는 웰빙 피자

'피자는 패스트푸드' 라는 등식을 거부하고, 몸에 좋은 웰빙 음식이자, 슬로푸드라는 새로운 인식에 도전하는 프랜차이즈 브랜드다. '피자알볼로' 는 반죽을 72시간 숙성시킨 후 손으로 때리고 누르고 공중 회전시켜 만드는 수타 도우에, 토마토를 직접 끓여 만드는 수제 소스를 고집한다. 피자에 들어가는 채소는 신선도를 유지하기 위해 매일매일 새로 사오고, 피자에 곁들이는 오이피클도 거의 매일 새로 만든다. 이 피자를 패스트푸드라고 할 수 있을까. 최근 한 대형마트의 저가 피자 공세로 동네 피자가 위협받는 게 아니냐는 우려의 목소리가 높지만, 피자알볼로는 오히려 매출이 눈에 띄게 늘었다. 맛과 품질 면에서 비교우위를 점하면서 피자알볼로의 가치가 더욱 부각된 것이다. 이 브랜드 피자의 재구매율은 87%에 달한다.

피자알볼로는 호텔조리학과를 졸업한 젊은 형제에 의해 설립되었다. 전세금 2500만 원을 가지고 목동의 20㎡(6평)짜리 점포에서 시작한 이 회사는 2015년 현재 직영점 세 곳을 포함해 221개점을 거느린 프랜차이즈로 성장했다. 매장 규모는 50㎡(15평) 내외, 배달 위주의 점포라 매장에 테이블이라곤 한두 개뿐이지만, 한 점포에서 거두는 월 평균 매출액은 5000만 원에 달한다.

피자알볼로를 만든 형제는 앞으로도 스타 마케팅을 할 의사가 없다. 스타마케팅으로 인지도를 높이는 것보다 맛과 품질로 승부하겠다는 것이다. 그렇다면 이 같이 피자알볼로의 돌풍 비결은 무엇일까. 무엇보다 담백하고 부드러우면서 신선한 재료의 맛이 하나하나 느껴진다는데 있다. 한입에 착 감기는 맛은 아니지만, 쉽게 질리지 않고 속이 편안해 내 아이에게 맘 놓고 먹일 수 있다. 가공한 소스와 짭짤한 치즈의 자극적인 피자 맛에 길든 고객은 피자알볼로 대해 너무 싱겁다, 심심하다는 평을 하기도 한다.

피자알볼로의 점주가 되기는 쉽지 않다. 말이 점주지, 세프에 가깝다. 쫄깃한 식감을 살리기 위해 도우를 72시간 이상 자연 숙성시켜야 하고, 주문을 받자마자 도우를 손으로 누르고 때려 모양을 만들어야 한다. 토마토소스도 매장에서 매일 직접 끓이고, 피클도 매일 직접 담가야 한다. 이런 번거로운 과정 때문에 매장 운영에 도전했다가 포기하고 돌아간 사람이 한둘이 아니다.

(3) 각각 식품회사, 피자회사에 근무하다 의기투합

형제가 피자알볼로를 오픈한 건 2005년이다. 둘 다 호텔조리학과를 졸업해 형은 식품 관련 회사에 다니고 있었고, 동생은 미스터피자에서 근무 중이었다. 둘 다 인정받는 직원이었다. 특히 동생은 미스터피자 도우 매직쇼 2회 연속 대상 수상자이고, SBS TV 〈생활의 달인〉에 '피자 최강 달인'으로 소개됐다. 도우 매직쇼를 앞두고 두세 달 동안 새벽 4~5시까지 연습한 결과였다. 하지만 '이건 아닌데' 하는 회의감이 생겼다. 다람쥐 쳇바퀴같이 반복되는 일을 하다 보니 새로운 일에 도전하고 싶다는 생각이 커졌다.

외식산업 분야에서 의미도 있고, 비전도 있는 일을 찾아 고민하다 보니 답이 웰빙 피자로 모아졌다. 피자는 패스트푸드이고 쉬운 음식이라고 생각하지만, 그게 아니다. 치즈·도우는 모두 발효음식이라 몸에도 좋다. 토마토·피망·양파·버섯 등 채소도 몸에 좋고 하지만 이 분야의 전문가는 많지 않다. 따라서 정성스럽고 까다롭게 만들면 충분히 승산이 있다고 생각했다.

브랜드명 '알볼로'는 이탈리아어로 '비행하다, 비상하다'는 뜻이다. 어려서부터 비행기와 하늘을 좋아했던 형제는 라이트 형제를 동경했다. 라이트 형제가 비행기를 발명해 세상에 널리 퍼뜨렸듯이 가장 맛있는 피자를 만들어 온 세상에 널리 퍼뜨리겠다는 의지를 담았다.

(4) '한국식 피자의 정석' 100년 기약하다

2005년 7월, 서울 목동에서 6평 남짓한 아담한 피자가게가 문을 열었다. 이곳의 젊은 사장은 피자가 '공공의 적' 으로 여겨지는 게 속상했다. '왜 피자를 나쁜 음식이라고 할까?' . 그는 토마토 소스를 끓이며, 도우를 치대며 고민했다. "건강한 피자를 만들면, 편견도 사라지지 않을까" .

그러던 어느날, 운명같은 일이 벌어졌다. 동네서 무거운 짐을 들고 가는 중년 여성을 그가 도와줬는데, 마침 그 여성이 동네 부녀회장이었던 것. 너무 고맙다며 인사하는 그에게 대표는 "저희 피자 한번 드셔보세요" 라는 수줍은 홍보멘트를 건넸다. 고마움 반 호기심 반 부녀회장은 다음날 직접 전화를 걸어왔다. 입소문은 빨랐다. 부녀회 모임에 피자는 단골메뉴로 등극한 것이다. 이 작은 피자집은 2017년 260여개 매장을 가진 연매출 1500억원대 프랜차이즈로 성장한 것이다.

대표는 세종대 호텔조리학을 전공한 후, 한 피자회사의 도우 연구개발원으로 근무하다 브랜드를 론칭한 케이스다. 그에게 성공한 프랜차이즈 오너가 된 비결을 맛있는 피자를 알아봐준 고객 덕분임을 강조한다.

실제로 피자알볼로는 하락세인 프랜차이즈 업계에서 남다른 행보를 이어가고 있다. 한국공정거래조정원이 지난 2016년말 발표한 10개 피자 브랜드의 '피자 프랜차이즈 비교 정보' 자료에서 피자알볼로는 가맹점증가율 1위를 기록했다. 가맹점 연평균 매출액은 도미노피자(7억4876만원)에 이어 2위(5억2146만원)에 올랐다. 가맹본부의 자산증가율과 자기자본순이익률 또한 각각 116%와 54.6%로 나타나 성장성과 수익성에서 모두 업계 1위를 차지했다. 높은 인건비, 원자재비 등 부정적 요인에도 괄목할만한 성장세다.

비결은 또 있다. 그가 가장 중요하게 여기는 목표인 '가맹점주와의 상생' 이다. "피자알볼로는 매 분기마다 매장 운영에 도움을 주는 강연과 신메뉴 교육 및 직원역량강화교육을 하고 있다. 장학금 지급, 매여름 가족과 함께 휴양할 수 있도록 '점주하계글램핑' 을 2017. 6. 1 진행하며 가맹점과의 유대관계를 중요시 하고 있다.

이 같은 노력은 사세 확장으로 이어졌다. 복수 매장을 운영하는 점주 비율이 30%에 육박한다. 최대 5개 이상을 운영하는 점주를 비롯해 2개 이상의 점포를 운영하는 비율이 높으며 운영 경험을 토대로 가족, 지인에게 추천해 창업하는 경우도 많다.

사회공헌과 문화 활동에도 각별한 관심을 기울인다. 요리, 연극, 뮤지컬 등 예술분야의 꿈나무를 지원하는 '꿈을피자' 캠페인을 비롯, 배달업종사자들과 근무환경을 개선하고 응원하는 '어깨피자 캠페인’, 불우이웃, 비인기종목 운동선수, 감정노동자 등을 응원하는 ‘웃음꽃피자 캠페인’ 등 다양한 CSR 활동을 전개하고 있다.

2017년 피자알볼로는 300개 매장, 2000억원 매출을 목표 달성했다. 이를 계기로 2025년에는 매출 1조원을 꿈꾼다. 글로벌 진출도 앞두고 있다. 2017년 6월 중국 상해점을 시작으로 동남아, 미국에 매장을 낼 계획이다. 상업화된 미국식 피자에서 벗어나 한국식피자로 나아갈 것임을 다짐하고 1000개의 매장을 내는 것보다 10년 이상, 100년 이상 가는 한국 전통 피자가게를 만들고 싶다는 피자알볼로는 ‘믿고 먹는’ 외식기업이 되겠다는 것이 인생목표다.

(5) 시스템 안정화를 최우선으로 앱 개발

배달 피자는 대표적 패스트푸드 메뉴다. 냉동된 재료를 동네 점포에서 오븐에 구워 집집마다 배달하는 시스템이 대부분이다. 이 시장에서 피자알볼로는 ‘슬로푸드 피자’로 승부해 성공한 회사로 평가받는다. 호텔조리학과 출신인 20대 형제가 2005년 서울 목동 작은 가게에서 시작한 피자알볼로는 2018년 1월 현재 280개 매장에 연매출 1500억원을 올리는 프랜차이즈로 성장했다.

이곳 대표는 가맹점과의 상생에 힘쓰고 건전한 프랜차이즈 문화를 이끌어온 공로를 인정받아 2017년 12월 7일 ‘제18회 한국프랜차이즈대상’ 에서 최고상인 대통령 표창을 받았다. 피자 프랜차이즈는 정점을 찍고 하락기에 접어들고 있지만 피자알볼로는 ‘나홀로 성장’ 을 이어가고 있는 것이다.

피자 프랜차이즈는 인건비와 원재료비가 다른 업종보다 높아 2000년대 중반부터 성장세가 둔화됐다. 피자알볼로가 ‘레드오션’ 이라 불리는 시장에서 살아남은 비결은 남다른 창업 원칙과 가맹점주와의 상생 정신이 있었기 때문에 가능했다.

피자알볼로의 대표는 피자회사 도우 연구원 출신이다. 동생인 부사장도 피자 도우 전문가였다. 이들은 피자가 패스트푸드 음식으로 전락하는 게 아쉬웠다. ‘집밥 같은 피자는 왜 없을까’ 를 고민하다 조리의 편리함보다 음식의 본질을 택했다. 인공 효소제 대신 천연 효모로 빵을 발효했다. 첨가제 없는 진도산 흑미로 72시간 발효한 피자 도우, 수제 피클과 3시간 끓인 토마토소스를 개발했다. 피자업계에선 “곧 망할 것” 이라고 했다. 기존 프랜차이즈와는 맞지 않는 ‘시간과 품이 많이 드는’ 시스템이었기 때문이다.

이런 피자알볼로를 알아본 건 30대 주부들이었다. 그들은 자연스럽고 신선한 맛을 온라인 커뮤니티 등을 통해 알리기 시작했다. 2010년께였다. 입소문이 나자 목동, 마포, 분당, 강남, 동탄 등을 중심으로 가맹점 개설 문의가 쏟아졌다. 본격적인 성장기에 접어든 것이다.

이곳 대표는 매장을 확장하면서도 가맹점주에 대한 철저한 교육을 잊지 않았다. 가맹점을 내려면 이론과 실습 등 한 달간의 교육 과정을 밟아야 했다. 이 대표는 가맹점을 늘리는 것보다 꾸준히 잘할 수 있는 점주를 까다롭게 모집했다. 한 달의 교육 과정에서 이 길이 아니면 다시 생각할 기회를 주는 방식을 택했다.

창업 초기부터 가맹점주와의 상생에도 힘썼다. 매 분기 매장 운영에 도움을 주는 강연과 신메뉴 교육, 직원 역량 강화 교육을 하는 '장인교육' 이 대표적이다. 점주 자녀 장학금 지급, 여름휴가 지원, 점포별 회식비 지원, 상생 토론회 등 본사와 가맹점이 함께할 수 있는 네트워크 프로그램도 마련했다. 피자알볼로 매장이 있는 주변 상권에서 장사하는 청년들을 위해 전문 강사를 초빙해 교육하는 행사도 한다. 2025년 매출 1조원을 목표로 해외 진출을 추진하고 있고 100년 가는 한국의 피자기업이 되고 싶은 것이 대표의 목표이다.

피자알볼로 애플리케이션은 PC와 모바일 웹을 기반으로 개발했다. PC와 모바일 웹을 2015년 10월 오픈한 이후 같은 해 12월에 안드로이드 버전 애플리케이션을 개발했다. 아이폰 IOS 버전 애플리케이션은 2016년 3월에 이원화 오픈했다. 동시 론칭이 어려운 것은 아니지만 피자알볼로는 배달 시장이 성수기인 12월을 놓칠 수 없어 안드로이드 버전에 출시를 결정했다. 안드로이드는 국내 이용률이 80~90%에 달하며 애플리케이션 개발 소스와 심사기간이 7~10일 정도로 비교적 짧다. 반면 IOS는 국가마다 심사 규정이 다르고 까다로워 보통 보름에서 1개월 이상이 소요된다. 애플리케이션을 개발한 이후에는 안정화 기간 2~3개월 정도 가졌다. 다양한 모바일 기기가 존재하는만큼 예측하지 못한 오류가 발생할 경우가 많고 건당 수정이 필요해 충분한 안정화 기간을 두어야 했다.

피자 알볼로가 개발한 모바일 앱은 하이브리드 앱이다. 운영체제를(OS) 기반으로 개발한 '네이티브 앱' 과 웹으로 구현하는 앱인 '웹 앱' 기술을 조합한 기술이다. 앱 속에 콘텐츠 내용을 웹 앱으로 제작하고 패키징 처리만 하이폰용, 안드로이드용 등 네이티브 앱으로 제작하면 어떤 모바일에서도 최적화된 정보를 공유할 수 있다.

또한 피자알볼로는 애플리케이션의 목적을 주문·배달에 두고 고객이 이용하기 편하게 디자인했다. 무엇보다 일련의 과정을 최소한으로 단축해 고객의 피로감을 줄이는 데 신경 썼다. 피자알볼로 애플리케이션에서 피자는 크게 세 단계를 통해 주문이 가능하다. 배송지 확인과 메뉴 선택, 결제다. 또 피자알볼로는 두 대표를 캐릭터로 넣어 엔터테인먼트적인 요소를 추가하는 등 화면을 심플하면서 귀엽

게 구성했다. 이로 인해 오픈 후 점진적으로 애플리케이션을 통한 주문율이 상승하고 매출에서 앱을 통한 주문 상승률이 200%로 증가했다.

피자알볼로는 전산팀과 마케팅팀이 애플리케이션을 관리한다. 시스템 오류 관련 부분은 전산팀과 외주 개발자가 함께 문제를 해결하는데 원활한 소통을 위해 핫라인이 구축되어 있다. 전산팀은 매일 2~3회 단위로 고객 정보를 백업하고 관리해 마케팅적으로 활용할 기초 자료를 만들고 있다. 마케팅팀은 구글앱스토어와 아이튠즈에 사용자가 남긴 리뷰의 피드백을 남기는 등 고객 관리를 실행하고 있다. 또한 전산팀과 마케팅팀은 정기적으로 시스템을 점검, 가결제등을 실행해 원활한 이용이 가능한지 여부를 지속적으로 확인한다.

2) 대한민국 100대 프랜차이즈 〈피자에땅〉

피자에땅(www.pizzaetang.com)은 한 판 가격에 두 판을 제공하는 이른바 '1+1' 마케팅 전략을 통해 시장에서 성공적으로 자리매김한 중저가 피자 브랜드다. 가맹사업 15년차인 피자에땅은 가맹본부 평균 존속기간이 5년이 채 되지 않는 척박한 국내 프랜차이즈 시장에서 꾸준한 성장을 통해 브랜드 경쟁력을 충분히 검증받았다.

창업경영신문사에서 선정한 '2013 대한민국 100대 프랜차이즈'에서 29위를 차지했을 정도다. 정보공개서 기준 2012년 말 총 자산규도는 290억원, 가맹본부의 연간 매출액은 699억원 수준이다. 가맹점당 광고·판촉 지원 항목에서 표준점수 85점을 받았다.

2013 매일경제 100대 프랜차이즈에도 선정됐다. 매일경제는 프랜차이즈 브랜드의 옥석을 가리고 한국 프랜차이즈 산업의 경쟁력을 키우기 위해 매년 상위 브랜드 100개를 선정하고 있는데, 2012년 1월 창업경영신문사의 골든 프랜차이즈에도 선정되었다.

지난 1999년 가맹사업을 시작한 이래 정보공개서 기준 2015년 기존 304개 가맹점을 운영하고 있으며, 직영점은 운영하고 있지 않다. 2010~2012년 3년 동안 22개, 11개, 14개 신규 가맹점을 오픈해 활발한 가맹사업을 전개하고 있다.

2012년 말 기준 가맹점의 지역별 평균 매출액은 2억7300만원이다. 점포 임대비용을 제외한 49.5㎡ 기준 창업비용은 가맹비 1000만원, 보증금 500만원, 인테리어 2400만원, 주방기기 2000만원, 초도물류 500만원, 홍보용품 250만원 등 7300~8000만원 내외 필요하다. 보증금 500만원은 계약해지시 반환한다. 지방 읍·면·리 단위는 가맹비를 면제해 준다.

피자에땅은 '1+1 서비스' 라는 독특한 마케팅으로 내로라하는 해외 피자브랜드들 사이에서도 차별화에 성공했다. 로열티 부담을 없앤 합리적인 가격도 돋보인다. 가맹점당 800만원에 달하는 광고 및 판촉지원 활동을 하고 있다.

또한 피자 도우 전문 생산 공장 ㈜헤스텍과 업무 제휴를 맺고 도우 생산 과정을 일원화 시켰다. 이를 통해 도우의 제조 매뉴얼과 생산 공정을 통일해 어느 매장에서나 고소하면서도 쫄깃쫄깃한 도우 맛을 낼 수 있도록 제품의 품질을 향상시켜 나가고 있다.

3) 테이크아웃 피자전문점 〈피자마루〉

1996년부터 피자사업을 하며 수제 화덕피자의 노하우를 쌓아온 ㈜푸드존 〈피자마루〉는 22년간의 피자경험을 바탕으로 테이크아웃 피자전문점 프랜차이즈사업을 활발히 진행하고 있다. 〈피자마루〉는 막대한 광고비용과 배달비용을 없애고 오직 소비자의 건강과 메뉴개발에 주력하며, 현재 전국에 619개의 가맹점을 운영하는 놀라운 성장을 보이고 있다.

(1) 4년 만에 400호점 달성

㈜푸드존 〈피자마루〉는 1996년 2월부터 피자의 소스와 도우개발 연구에 노력을 기울이며 서서히 피자사업을 키워왔다, 처음엔 다른

일반 피자전문점과 크게 다를 것이 없었고 배달도 했었다. 2003년에 참나무 화덕피자 브랜드 〈피자나모〉로 부평본점을 시작, 가맹점 20개점을 운영하며 본격적인 가맹사업의 시동을 걸었다. 3년 후인 2006년 9월 테이크아웃 피자전문점인 〈피자마루〉 1호점을 오픈하고 그 이듬해 2007년에는 〈피자마루〉 50호점을 개점했다. 그 후 2008년 100호점을 달성, 2009년 200호점 달성, 2010년 9월 400호점을 달성하며 4년 만에 쾌거를 이루었다. 마치 정비례 그래프를 그리는 것처럼 지난 4년 동안 매년, 이전 해의 2배씩 가맹점이 증가했다. 2015년 현재 619개의 〈피자마루〉 가맹점이 전국에 분포해 있으며, 동일상권은 절대 침범하지 않는다는 가맹점보호 룰을 엄격히 지키며 그 상승세를 이어가고 있다.

(2) 특허받은 '그린티웰빙도우'

물론 가맹점 수가 전부는 아니다. 그러나 배달과 홍보활동 없이 피자프랜차이즈사업이 이렇게 빠르게 성장한다는 것은 놀랍다.

〈피자마루〉의 놀라운 성장은 거저 얻어진 것이 아니다. 교과서처럼 정석대로 곧게 뻗어나간 진심이 고객들에게 전달된 것이다. 정공법이 가장 효율적이고 탄탄한 방법임을 입증한 결과다.

한편, 〈피자마루〉는 'KBS소비자고발-100% 자연산치즈만을 사용하는 업체', 'MBC뉴스테스크-이마트피자보다 경쟁력 있는 피자업체'로 보도된 바 있으며, MBC의 시트콤 '몽땅내사랑'과 주말드라마 '애정만만세'를 제작지원하며 효율적인 홍보활동을 펼치기도 했다. 또 중소기업청 소상공인진흥원의 수준평가에서 우수프랜차이즈 기업으로 선정되기도 했다. ㈜푸드존은 테이크아웃 치킨브랜드 〈고소미치킨〉과 번화가의 젊은 층을 타깃으로 한 파스타브랜드 〈나모파스타〉도 운영중이며, 중국에도 마스터프랜차이즈 형태로 〈피자마루〉가 진출해 있다.

4) 대한민국 100대 프랜차이즈 〈파파존스피자〉

미국의 〈파파존스피자(Papa John 's Pizza)〉는 1984년에 미국 인디에나 주의 '존 슈나터'가 아버지 식당을 개조해 피자를 만든 데에서 시작해 전 세계적으로 4,000개가 넘는 매장을 운영하는 글로벌 피자 프랜차이즈다. 우리나라는 2003년 압구정점 오픈을 시작으로 2004년 12월 본격적인 가맹사업을 시작했다.

공정거래위원회 정보공개서에 따르면, 우리나라 법인인 한국파파존스㈜의 '파파존스피자'는 2013년부터 2015년까지 3년간 35개의 신규개점과 계약해지 12건과 명의변경 17건이 발생했고 2015년 기준으로 37개의 직영점과 63개의 가맹점을 운영했다. 그 중 가맹점 63개의 평균 매출액은 4억 7,328만 원이며, 서울 30개 가맹점의 평균 매출액은 5억 5,198만 원에 달한다.

자산은 전년대비 약 10% 상승한 108억 원(2015년 기준)에 달하며 매출액도 소폭 상승한 327억 원을 기록했다. 그 중 당기순이익은 전년대비 2배 상승한 8,617만 원을 기록했다.

국내 〈파파존스피자〉는 세 가지 경영이념을 갖고 그에 따라 대한민국 피자 전문 프랜차이즈의 모범이 되기 위해 노력하고 있다.

맛있는 피자는 도우에서 시작된다는 〈파파존스피자〉의 오리지널 도우는 72시간 4° C에서 저온 숙성시켜 최상의 상태로 발효하고 생산라인에서 매장까지 냉동상태가 아닌 냉장상태로 배달된다. 여기에 캘리포니아에서 재배된 토마토를 6시간 안에 캔으로 가공하고 열을 최대한 차단시킨 소스로 맛을 더한다. 매장에서 매일 아침 신선한 채소들을 손질해 토핑으로 사용하고 미국 최대의 치즈 제조사에서 최상의 치즈를 공급받는다.

파파존스의 강점은 바로 마케팅에 있다고 할 수 있다. 본사의 R&D전담팀이 꾸준하게 신메뉴 개발에 매진하고 본사 차원의 홍보를 통해 매장의 매출 향상을 돕고 있다. 한편, 지역별 마케팅을 강조하며, 점주 스스로가 상권의 변화를 파악하고 경쟁 업체 조사도 하며 자체적으로 매출 상승의 방안을 터득하도록 유도한다.

창업에 앞서 다른 프랜차이즈에 비해 비교적 긴 8주간의 기본 교육을 받는다. 교육은 점주 외에 2인 이상의 전문 인력이 밀착해 실시한다. 이를 통해 초기 안정적으로 상권에 정착할 수 있는 자생력을 키워준다. 점주들에게 근무자들의 칭찬과 잘못에 대해 즉각적인 코칭이 이루어지도록 교육 매뉴얼을 제공한다. 그 외 고려사항들과 핵심 상권 분석, 피자사업의 노하우 등도 함께 전수하며 전문가의 상담을 통한 경영 지원도 실시한다.

이곳의 창업은 배달 판매와 테이크아웃만으로 운영되는 '배달전문 매장' 과 여기에 매장 내 식사를 할 수 있는 홀도 운영하는 '배달+매장 내 식사 매장' 의 두 가지 형태로 나뉜다. '배달전문 매장' 의 경우 1층에 입점하고 '배달+매장 내 식사 매장' 은 2층에 입점해 66㎡ 기준으로 가맹비와 인테리어 및 시설비용, 기타비용을 합쳐 약 1억 2,500만 원이 소요된다. 부가세와 점포임대 비용은 별도이며, 인테리어 및 시설비용은 매장의 조건에 따라 금액이 변동될 수 있다. 업종 특성상 피자는 치킨만큼 수요가 탄탄하지만 새로운 경쟁자의 출현이 잦고 국내 피자 브랜드들의 발전으로 경쟁이 치열한 상태다. 때문에 피자의 제조 기술 및 메뉴의 향상과 마케팅 등 확실한 차별화 전략이 꼭 필요한 요소이다.

5) 화덕피자 전문점 〈피자팩토리〉

(1) 화덕피자의 문턱을 낮추다

더 이상 대한민국 하늘 아래 새로운 피자 브랜드는 없다고 느낄 무렵, 전국 곳곳에서 지역명소로 자리잡아온 피자브랜드가 있다. '우리 동네에서 쉽게 만날 수 있는 화덕피자 전문점' 이라는 콘셉트를 내건 〈피자팩토리〉의 '화덕피자' 가 그것이다.

브랜드 론칭 7년째, 오픈한 점포마다 지역 명소로 자리매김 시키며 〈피자팩토리〉만의 입지를 단단하게 다져 왔다. '찾아가는' 레스토랑이 아닌 '편하게 들를 수 있는 피자집' 을 콘셉트로 했기에 메인 상권이 아닌 동네 상권을 타깃으로 했다.

또한 오래된 느낌과 따뜻한 느낌을 연출해 시간이 지난 후 리모델링 비용이 들지 않게끔 했다. 실제로 파란 문이 인상적인 외관은 마치 나폴리 어느 작은 동네의 피자가게를 연상케 한다.

(2) 1만원으로 맛보는 3만원짜리 퀄리티 음식

〈피자팩토리〉화덕피자는 철저한 타깃 분석을 바탕으로 만들어졌다. 즉, 동네 상권에서는 동네 입맛에 맞춰야 하듯 정통 화덕피자를 기준으로 미국과 한국식 스타일을 적절히 가미한 것이다. 〈피자팩토리〉의 화덕피자는 정통 나폴리 스타일보다는 도우가 두껍고 풍성하다. 이는 타깃인 '가족' 고객에게 어필했다. 미국식 피자에 익숙해 있던 아이들의 입맛을 사로잡은 것은 물론 화덕피자 특유의 기름기가 전혀 없는 담백한 맛, 단호박, 고구마 등을 재료로 한 피자에 익숙지 않은 노년층의 입맛까지 사로잡았다.

이 모든 것은 홍대의 〈보노빠스또〉에서 이미 검증된 메뉴다. 똑같은 퀄리티에 가격만 3분의 1로 낮췄다. 〈보노빠스또〉는 10년 전 홍대 앞에서 성공시킨 이탈리안 레스토랑이다. 메뉴개발은 끝없이 진행 중이다. 1년에 4번 신메뉴를 개발하면서 워스트(Worst) 메뉴는 빼고, 신메뉴를 추가하며 최상의 메뉴를 만드는 과정을 반복해왔다.

(3) 확장보다는 내실을 다지는 프랜차이즈

초창기에는 외부 컨설턴트에게 상담을 맡겼지만 그들은 성과 중심이라 점주를 꼼꼼하게 선별하지 않았다. 결국 이곳 대표가 '상담팀장' 을 자처하고 나섰다. 현재 26개 가맹점주들은 물론 꾸준히 찾아오는 예비창업자들의 상담을 모두 도맡는다. 대표가 점주 선별에 얼마나 공을 들이는지 짐작가는 대목이다.

소자본창업이기에 대부분 절박한 마음으로 시작하지만 나중에는 '내가 사장' 이라는 생각을 가지면서 매장 운영에 소홀해지는 경우도 있다. 가장 중요한 것은 점주가 변하지 않는 것이다. 점주가 고생하고 노력한다는 각오만 세운다면 본사는 시스템과 브랜드력을 키우기 위해 최대한 서포트한다. 이 모든 것은 무분별한 확장보다 '내실' 을 다지는 데 주력하는 대표의 경영철학에서 비롯된다.

(4) 유혹을 물리치는 뚝심

〈피자팩토리〉 피자 메뉴의 가격대는 7900원에서 1만3900원이다. 이탈리아 직수입 화덕과 최상의 식재료를 이용하는 것을 고려하면 터무니없이 저렴한 가격이다. 실제로 원가율이 37%로 타 브랜드에 비해 높은 편이다. 주변에서는 가격을 올리라는 권유도 한다. 그러나 이곳 대표는 '합리적인 가격에 고품질의 음식을 제공하겠다' 는 처음의 목표를 지키고 있다.

높은 원가율에 대한 우려는 인건비에서 상쇄된다. 대부분이 소규모 매장이라 매출에 따라서 2명~3명의 인원만으로도 운영이 가능하다.

6) 대구 대표 로컬 프랜차이즈 〈봉수아 피자〉

대구의 배달피자 시장은 로컬 브랜드를 중심으로 움직인다. 제아무리 서울에서 잘 나가는 브랜드라 해도 유독 대구에서는 힘을 못

쓸 정도로 지방색이 강하다. 맛과 양, 가격 세 가지 핵심요소에서 남다른 경쟁우위를 앞세워 대구 지역의 신흥 강자로 떠오르고 있는 배달전문 브랜드 봉수아 피자다.

(1) 홈페이지 없는 프랜차이즈

대구 사람들에게 '인기 있는 피자 브랜드가 무엇이냐' 고 물으면 열에 아홉은 피자샵이나 네오피자를 꼽는다. 외지인에겐 생경한 브랜드이지만 피자샵과 네오피자 모두 대구 지역에만 100여 개, 30여 개의 매장을 갖춘 지역 인기 브랜드다. 최근 이 둘을 위협하며 신흥 강자로 떠오르는 곳이 있으니 바로 지난 2014년 첫선을 보인 '봉수아피자' 다. 2014년 2월 직영 1호점 오픈 이후 같은 해 4월 2호점, 2016년 10월 현재 대구와 구미에 18개 매장을 잇달아 오픈하며 인지도를 쌓아가고 있다.

봉수아 피자의 경쟁력을 점쳐볼 수 있는 대목은 외형이 아닌 입소문이다. 입소문을 통해 2호점 점주의 지인이 3호점 점주가 되고, 3호점 점주의 지인이 4호점 점주가 되는 식으로 꼬리에 꼬리를 물며 점포수를 늘려왔다. 로컬 브랜드가 강세를 보이는 지역에서 시장 진입에 성공한 만큼 앞으로의 가능성이 기대될 수밖에 없다.

18개의 매장을 성공적으로 오픈해 운영하고 있지만 봉수아는 지금까지 제대로 된 홈페이지 하나 없다. "운영 중인 매장이 잘되는 것이 가장 큰 홍보"라는 나름의 소신에 따라 앞으로도 홈페이지나 광고가 아닌 실제 매장의 매출을 통한 보여주기에 무게를 싣겠다는 전략이다. 홈페이지를 만들지 않는 것은 봉수아의 전략이자 자신감인 셈이다.

(2) 맛과 양, 가격으로 정면승부

봉수아 피자의 브랜드 콘셉트는 단순명료하다. '정성스런 수제피자' 그리고 '맛있는 동네피자'다. 프리미엄이나 웰빙 같은 값비싼 수식어는 빼고 오로지 맛과 양, 가격 세가지로만 정면승부했다.

또한 주요 공정에 있어서만큼은 수제 공정을 고집하면서 '수제피자 전문점'이라는 콘셉트를 어필한 결과 빠른 시간 내 소비자의 신뢰를 얻으며 인지도를 높여가고 있다.

메뉴에 있어서는 대중성을 기본으로 독창성을 적절히 가미한 전략이 주효했다. 불고기, 고구마, 슈프림, 포테이토, 페퍼로니 등의 대중적인 피자 메뉴에 매운피자, 김치피자, 주꾸미피자 등 독창적인 자체 메뉴를 추가하되 메뉴명만으로도 카테고리를 확실히 구분함으로써 봉수아만의 메뉴 콘셉트를 구축했다.

대개 가격만 보고 그저 그런 동네피자라고 생각하지만 절대 그렇지 않다. 이 가격에 이 맛, 이 품질이라면 대구는 물론 서울에서도 자신 있다고 생각했다.

이곳 두 대표가 피자에 관심을 가지게 된 데는 한 프랜차이즈 피자 가맹점을 운영하는 지인의 영향이 컸다. '매출도 좋고 시장전망도 밝다' 는 지인의 추천으로 해당 브랜드의 가맹점 오픈을 준비하던 중 '더 좋은 브랜드를 직접 만들어보는' 쪽으로 방향을 튼 것이다. 직장 동료였던 그들은 의기투합 후 회사를 정리하고 피자 공부에 전념, 2014년 대구 수성구에 19.8㎡(6평) 규모로 봉숭아 피자 1호점을 열었다.

봉수아 피자가 가장 자신하는 것은 단연 품질이다. 대구 외식시장은 객단가가 낮은 특성상 평균치를 뛰어 넘는 맛과 품질, 즉 압도적인 가성비에 승부수를 두는 한편 도우와 소스를 매장에서 직접 만들고, 자연산 치즈만을 고집하는 등 수제피자 콘셉트를 강조하고 있다.

2014년 2월 브랜드를 론칭한 봉수아의 대표메뉴(레귤러사이즈 기준)는 베이컨피자 1만4900원, 매운피자 1만4900원, 주꾸미피자 1만6900원, 단호박피자 1만6900원이며, 창업비용은 33.3㎡(10평) 기준 3300만 원 선이며, 전화는 1899-6927이다.

봉수아 피자의 경쟁력으로는 놀랄 만한 가성비를 들 수 있는데 매장에서 직접 만드는 저온숙성 도우와 각종 소스, 겉보기에도 두툼한 토핑과 치즈의 양 등 어지간해서는 불만이 나오기 힘든 가성비를 갖췄다.

또한 뛰어난 효율성으로 박리다매 특성상 인건비를 최소화할 수 있는 배달형 매장을 지향하고 있다. 점포 상황에 맞게 자체 배달과 배달앱, 배달대행 서비스를 적절히 병행할 수 있다.

그밖에 로컬 브랜드에 유난히 애착이 강한 지역 특성상 충성고객에 의한 입소문 효과가 뛰어나 대구시장을 완전히 장악한 거대 브랜드가 아직 없다는 것도 메리트이다.

7) 정성과 건강을 입힌 정통 나폴리 핏자 〈핏제리아' 오〉

지난 2013년 10월, 문화와 낭만의 거리 대학로에 핫플레이스가 등장했다. 그 주인공은 바로 참나무 화덕에서 구운 정통 나폴리 피자를 선보이는 〈핏제리아' 오〉다. 건강한 맛은 물론 과거와 현재, 미래를 잇는 특별한 외식문화공간을 연출하며 입소문을 타고 있다.

(1) 전통이 느껴지는 화덕피자 전문점

화덕피자전문점 〈핏제리아' 오〉는 이탈리아 정통 방식 그대로 재현한 나폴리 피자를 선보였다. 상호에 붙은 '오' 는 감탄사 또는 오리진(origin), 오리지널(original), 온리원(onlyone)을 지향하는 이곳의 정체성을 담았다.

무엇보다 핏제리아' 오의 가장 큰 경쟁력은 모든 메뉴에 정성과 건강을 입힌 점이다. 실제로 이곳에서는 충남 당진에 위치한 직영농장인 오' 팜에서 루꼴라와 바질 등 주요 식재료를 직접 재배할 뿐만 아니라 매일 아침 매장에서 특제 리코타 치즈와 비스큐 소스 등을 공들여 만들고 있다. 메인이 되는 식재료뿐만 아니라 티라미수, 당근케이크 등 디저트류도 셰프가 손수 만들어 고객들에게 최상의 맛을 제공하고 있다.

(2) 참나무 화덕에서 구운 쫄깃하고 맛있는 도우

대표메뉴인 핏자는 총 18종으로 485도의 참나무 화덕에서 바로 구운 쫄깃하고 맛있는 도우를 기본으로 한다. 특히 흔히 볼 수 있는 메뉴 외에 이곳에서만 만나볼 수 있는 오핏자, 메트로 등 특별한 메뉴가 눈길을 끈다.

오핏자는 신선한 수제 리코타 치즈와 직접 재배한 유기농 루꼴라를 듬뿍 올려 신선함이 살아있는 메뉴다. 일명 회식 핏자로 통하는 메트로 역시 특별한 날 즐기기에 안성맞춤인 이색 메뉴다. 메트로라는 이름에서 알 수 있듯이 이탈리아 소렌토 지방에서 유명한 스페셜 대형 핏자로 4종의 피자를 동시에 맛볼 수 있는 것이 특징이다.

물론 화덕피자만 즐길 수 있는 것은 아니다. 피자 외에도 카르보나라, 감베로 로제 크레마, 해산물 파스타 등 3종의 파스타와 이탈리아 튀김, 디저트 케이크와 젤라또 등이 준비되어 있다. 피자에 집중하고자 종류는 많지 않지만 모두 다 그 어느 곳에 견주어도 뒤지지 않는 퀄리티를 자랑한다. 특히 파스타는 드라마 〈파스타〉의 요리 자문을 맡았던 총괄 셰프가 직접 레시피를 구현, 넉넉한 양은 물론 최상의 맛을 선보인다.

(3) 현재와 미래를 잇는 소통의 식공간 구현

멀리서도 한눈에 들어올 정도로 이색적인 핏제리아' 오 건물에 담긴 숨은 스토리도 이곳의 빼놓을 수 없는 매력 포인트다.

이탈리아 남부 해안 느낌이 물씬 풍기는 하얀색 외관을 비롯해 매장에 들어서는 순간 과거와 현재, 미래가 공존하는 느낌의 인테리어가 시선을 사로잡는다. 특히 1973년 완공된 옛 건축물 느낌을 그대로 살려 40여 년의 대학로 문화변천을 자연스레 느낄 수 있도록 한 점이 인상적이다.

이 건물은 당시 양화점, 사진관 등 9개의 상점이 입점 됐고 최근까지 카페로 이용되는 등 대학로 골목의 오래된 추억을 고스란히 담고 있다. 2층 한 쪽에는 옥상정원 느낌의 야외테이블도 별도로 마련돼 있어 송년회 등 프라이빗한 모임을 하기에도 좋다.

(4) 핏제리아' 오만의 특별하고 맛있는 주방을 탄생시키다.

핏제리아' 오 만의 특별하고 맛있는 주방을 완성시키기 위해 최고의 스텝진이 뭉쳤다. 특히 주방을 총괄하고 있는 셰프는 2005년 이탈리아 밀라노의 요리학교 CAPAC와 이탈리아 조리협회 F.I.C 마스터 코스를 수료하고, 이탈리아 와인협회 AIS에서 소믈리에 과정을 공부했다. 이탈리아와 프랑스 파리에서 폭 넓은 요리 문화를 공부한 박 셰프는 로마 내 다양한 레스토랑과 호텔의 주방에서 경험을 쌓았다. 수많은 세계 요리대회에 출전한 그는 2008년 이탈리아 국제조리대회에서 로마 대표팀으로 출전해 금메달을 수상하는 등 다양한 대회에서 요리실력을 검증받았다. 한국에서는 정통 이탈리안 레스토랑 보나세라에서 수석 셰프로 일했으며, 2010년 드라마 '파스타' 에서 요리자문을 맡아 멋스런 그만의 요리 솜씨를 뽐낸 바 있다.

(5) 핏제리아' 오의 건축이야기

핏제리아' 오를 설계하면서 가장 중요하게 여긴 것은 오랜 시간과의 대화, 현재와 미래를 잇고 세대를 아우르는 식공간을 연출하는 것을 목표로 했다.

이를 위해 천장과 대들보 등 옛 건물 그대로의 골격을 유지하면서도 창과 바닥, 테이블, 은은한 조명 등을 통해 예스러움과 모던함이 한데 어우러지도록 하는데 성공했다. 또한 통유리 대신 작은 창들을 나란히 배치해 아늑하고 편안한 분위기를 느낄 수 있도록 했다.

핏제리아' 오의 건축 및 인테리어 설계는 유명 건축사무소인 이로재(JHWIROJE)에서 맡아 1년여의 시간을 들여 완성했다.

브랜드의 경쟁력이 알려지면서 수많은 곳에서 입점제안을 받고 있는 이곳 대표는 스타필드 입점을 결정하기까지 적잖은 고민을 했다. 나폴리 정통 피자를 내세운 브랜드 이미지가 하남 상권에서도 과연 먹힐까 하는 의문 때문이었다. 위치상 꾸준한 집객이 가능할 것이라는 보장도 없었다. 하지만 현재는 잇토피아 내에서도 인기 매장 반열에 오르는 등 성공적이라는 평가다.

이는 상대적으로 쉬운 집객과 트렌디한 이미지를 누릴 수 있는 특수매장, 브랜드 고유의 MD를 살리면서 장기적으로 롱런할 수 있는 로드숍을 균형 있게 전개하였기 때문이다.

원래 스타필드 하남점은 푸드코트 형태의 매장 특성을 살려 피자만을 취급하는 전문매장 콘셉트로 운영하였다. 대학로점에서 판매하는 파스타 등 사이드메뉴를 없애고 14가지 피자메뉴와 음료 등으로 메뉴를 구성해 주문 후 대기시간을 줄이고 효율성을 높인 것이다. 상주 직원은 정직원 4명에 아르바이트 2명. 주문과 조리, 제공이 거의 한 공간에서 이뤄지는 특성상 서비스와 조리가 모두 가능한 본사의 숙련 직원을 파견해 오퍼레이션 문제를 해결했기 때문에 가능했다. 대학로점의 주고객이 20~40대의 친구와 연인 위주였다면 스타필드 하남점의 경우 어린아이를 동반한 가족이나 중장년층의 방문비율이 높은 점을 고려해 디아볼라 피자와 허니마스카르포네 피자 등 새로운 메뉴도 추가했다. 이 중 고구마 무스와 마스카르포네치즈, 블루베리 콩포트 등을 올린 허니마스카르포네 피자는 달콤하고 고소한 맛으로 어린이와 여성들에게 인기가 좋다.

2013년 10월 브랜드를 론칭한 핏제리아' 오의 콘셉트는 이탈리아 정통 방식의 나폴리 화덕피자로 주요메뉴 역시 화덕피자다.

특수매장수는 2개이며, 주요 입점 특수상권은 스타필드 하남이다.

핏제리아' 오는 이탈리아 현지 벤치마킹을 통해 정통 피자에 대한 노하우를 전수받고, 참나무 장작화덕 설치 및 현지에서 그릇을 공수하는 등 2년여의 준비 끝에 탄생한 브랜드다. 2013년 대학로에 1호점을 오픈, 이탈리아 정통 방식을 그대로 재현한 나폴리 피자로 입소문을 타 현재는 미식가들 사이에 한번쯤은 가봐야 할 피자 맛집으로 손꼽히고 있다. 대학로점의 인기에 힘입어 지난 2016년 스타필드 하남점 개장과 함께 3층 전문 식당가 '잇토피아'에 입점, 잇토피아 내 서양식 레스토랑 중 가장 높은 매출을 올리고 있다.

8) 국내 1등을 넘어 세계 1등으로 〈미스터피자〉

글로벌 외식문화기업 MPK그룹의 〈미스터피자〉가 필리핀 진출 반년 만에 세 번째 매장을 열면서 사업을 확장하고 있다. 필리핀의 대표적인 휴양도시 세부의 〈미스터피자〉 'SM씨사이드시티점'은 지난 2016년 5월과 7월 각각 문을 연 그린벨트점, 로빈슨몰점에 이은 필리핀 3호점이다. 〈미스터피자〉는 현지에서 인기몰이를 하면서 한국 외식 브랜드의 위상을 굳히고 있다.

(1) 기록적인 흑자 행진

〈미스터피자〉는 국내에서 해외 브랜드인 〈피자헛〉을 이겨내고 명실상부 국내 1등을 달성한 브랜드다. 국내 1등을 넘어서 세계 1등을 향하는 것 또한 〈미스터피자〉 1호점인 이대점을 오픈할 때부터의 목표였다.

〈미스터피자〉는 2017년 이후 국내에 415개, 〈마노핀〉은 48개의 매장을 운영 중으로 빠르고 안정적인 성장을 해왔고, 국내 1등 브랜드로 완벽하게 자리를 잡은 이후 본격적으로 중국 시장에서의 확장을 시작했다.

국내 시장이 포화상태이며, 국내 경제의 어려움, 중소기업적합업종 선정 및 각종 규제의 증가와 프랜차이즈 업계 관련 규제 움직임 등으로 국내 외식업계 시장 경쟁이 더욱 힘들어지고 있어 해외 진출 사업을 활발히 추진하고 있다. 지난 2016년 10월말 기준으로 해외 매장 108개 중 중국 100개, 미국 5개, 필리핀 3개다.

2017년 1/4분기에 중국 진출 첫 흑자 달성에 성공한데 이어 2, 3분기 모두 흑자를 기록하며, 15억 원의 누적 흑자를 기록 중이다. 기존에 진출했던 중국, 미국 이외에 추가적으로 필리핀에도 진출해 현재 3개 매장을 운영 중에 있다.

(2) 예상 적중한 성공

〈미스터피자〉는 해외진출의 성공에 확신을 가졌다. 최상급의 식자재를 사용해 〈미스터피자〉 만의 차별화된 레시피인 '300% 원칙' 을 초창기부터 현재까지 계속해서 지켜오며 확보한 '맛의 차별화' 가 있었기에 가능했다. 〈미스터피자〉는 고객이 주문한 즉시 100% 저온숙성 생도우만을 사용해, 수십회 수타하고 공중회전하는 과정을 거쳐 쫄깃하고 담백한 도우를 만들어 냈다. 토핑 역시 흩뿌리지 않고 하나하나 정성껏 100% 수제 토핑해 각 조각마다 균일한 맛을 낼 뿐 아니라 기름을 일체 사용하지 않고 구워내는 100% 석쇠구이 방식을 사용, 더욱 담백하고 건강한 피자를 제공하고 있다. 300% 원칙을 기반으로 국내 1등 브랜드를 차지했던 자신감으로 해외에서도 충분히 성공할 수 있다고 봤다.

해외진출을 앞두고 가장 고민한 것은 첫 나라 해외진출 선정 부분이었다. 가장 잠재력이 크고 성장 가능성이 매우 큰 나라로 첫 진출을 해야 한다고 봤고, 그런 점에서 중국이 가장 적합하다고 판단했다. 세계에서 가장 잠재력이 큰 시장이었으며, 국민들의 소득 수준 향상으로 피자를 즐길 수 있는 소비자층이 계속해서 늘어나고 있었기 때문이다. 또한, 중국 1등을 달성해 동남아 시장까지 자연스럽게 연계, 세계 1등을 향한 발판으로 삼는다는 계획이다.

(3) 글로벌프랜차이즈 신화를 쓰다

〈미스터피자〉는 2017년 첫 중국에서의 흑자 전환 등 글로벌 프랜차이즈 성공신화를 만들어 가고 있다. 현재 중국 남동부 지방을 집중 공략하고 있으며 수년 내에 중국 1위로 올라선다는 계획이다. 중국에서의 성공을 바탕으로 동남아 지역에도 본격적인 진출을 할 예정이며, 미국에서의 가맹 사업 역시 본격화 할 예정이다.

중국 내 점포 대다수는 한국에서 가장 장사가 잘 되는 곳보다 매출이 훨씬 높다.

한 두 시간 줄 서서 기다리는 것은 당연할 정도이며, 매장 유치를 위한 중국 유통·부동산기업들의 러브콜이 끊이지 않는 점도 중국 내 위상을 다시 한 번 확인하는 요소다. 특히, 중국 항저우 입성은 중국 내 〈미스터피자〉의 위상을 보여주는 것으로 인근 상하이와 난징에서의 성과가 입소문을 타고 확산되면서 항저우 소비 1번가에 점포를 출점하게 됐다.

2013년부터 중국 시장 확대에 가속도를 붙일 수 있었던 가장 큰 요인 중 하나는 중국 대형 유통·부동산 기업인 진잉그룹과 합자를 이뤄낸 것이었다. 현지 파트너사의 유통망을 적극 활용하는 해외 진출 전략을 선택해, 빠르고 효과적으로 매장을 늘리며 현지에 대한 이해도도 높일 수 있었다. 정부차원에서의 지원 및 정책적 배려가 더욱 늘어나는 추세라 해외진출과 관련한 각종 청사진을 그리는 일이 한층 더 수월해질 것이라는 기대로 해외사업에 더욱 박차를 가하고 있다.

현지에서 손꼽히는 유통 기업과의 합작을 통한 중국 진출은 수익 창출 구조뿐 아니라 효율적이고 적극적인 매장 확장에서도 성공적이었다. 점포개발에 있어 진잉그룹이 운영하는 백화점, 쇼핑몰, 대형유통상가에도 출점해 중국 내 〈미스터피자〉 매장을 빠르게 확산시킬 수 있게 됐다. 또 출점에 따른 인허가 문제도 어려움 없이 해결했으며, 현지 인력 확보 및 매장개설과 관리에도 도움이 됐다.

9) 내 몸을 위한 특별한 피자 〈뽕뜨락피자〉

외식 시장에서 웰빙은 빼놓을 수 없는 하나의 트렌드로 자리매김한지 오래다. 맛과 건강을 모두 고려한 메뉴들이 속속 등장하는 것도 그러한 이유 때문이다. '자연에 건강을 토핑한다' 는 슬로건으로 론칭 후 9년이 넘는 기간 동안 꾸준히 사랑받고 있다.

(1) BRAND 론칭과 콘셉트

뽕뜨락피자의 브랜드 론칭은 2009년 8월 했으며 현재 매장수는 220개(직영 2, 가맹 218)이다. 대표메뉴로는 볶음김치불고기(M 2만2900원) 골든단갈릭(M 1만9900원), 골드단호박카사(M 1만7900원)이며, 인테리어 콘셉트는 뽕나무 농원을 함축시켜 표현이다. 녹색은 뽕잎을, 흰색은 뽕잎을 먹고 자라는 누에의 청정한 이미지를 형상화한 것이다.

브랜드의 경쟁력 요인은 첫째, 건강한 유기농 피자로 각 특산지에서 재배한 신선한 뽕잎과 쌀로 만든 건강한 피자, 뽕잎을 첨가한 도우로 차별화된 메뉴 제공이 가능하다는 점이며 둘째, 10평형의 소규모 창업 가능으로 33㎡(10평)의 소규모 창업이 가능하며 상권을 따지지 않고 아파트 단지 내 상가, 학교 주변을 주 상권으로 삼기 때문에 창업비용 절감이 가능하다는 점이다.

(2) 우리 몸에 좋은 웰빙 피자

각 특산지에서 재배된 신선한 뽕잎과 쌀로 만든 건강한 피자를 선보이는 뽕뜨락피자가 꾸준한 상승세를 이어가고 있다.

2009년에 론칭한 뽕뜨락피자는 뽕잎의 '뽕' 과 앞뜰을 일컫는 '뜨락' 을 뜻하는 순수한 우리말로 이뤄진 브랜드명을 통해 건강한 피자를 굽고자 하는 마음을 담았다.

메뉴에 대한 자부심도 남다르다. 볶음김치와 통알밤, 소불고기가 들어가 맵지 않고 달콤한 '볶음김치불고기' , 부드럽고 달콤한 단호박과 신선한 토마토, 바삭한 카사바칩 토핑이 듬뿍 들어간 '골든단호박카사' 는 20~30대를 포함한 다양한 연령층에게 사랑받고 있다.
합리적인 가격에 즐길 수 있는 세트메뉴도 장점이다.

궁중떡갈비피자, 모차렐라오븐파스타, 웨지감자, 치킨텐더, 핫윙, 샐러드 4종을 동시에 맛볼 수 있는 '나들이세트' , 골든단갈릭피자

미트소스파스타, 오븐구이닭강정, 샐러드 4종으로 구성된 '소풍세트' 등 다양한 메뉴를 제공해 고객을 만족시킨다.

(3) 소규모 창업, 부담없이 도전 가능

뽕뜨락피자를 선보이는 ㈜웰빙을 만드는 사람들은 직영점과 가맹점을 포함한 총 220개의 매장을 운영 중이다. 대형 브랜드가 아님에도 불구하고 많은 가맹점주에게 선택받을 수 있었던 이유는 본사와 가맹점주 모두가 상생할 수 있는 브랜드를 만들고자 했던 대표이사의 철학 때문이다.

'내 아이에게 먹이는 음식이라는 생각 아래 건강에 도움이 되는 재료를 활용해 피자를 만들어보자' 는 신념을 가지고 브랜드를 론칭했듯이 가맹점주 모두를 가족이라 여긴 점도 한몫했다.

뽕뜨락피자만의 'SOS(Success:성공, Operation:운영, System:시스템)' 도 예비 가맹점주들의 걱정을 덜어준다. 4박 5일로 진행하는 본사 집체교육과 6박 7일 일정의 가맹점 1:1 코칭 교육뿐만 아니라 직영 공장에 전사적 품질관리 시스템을 도입, 엄격하고 위생적인 물류 시스템 하에 신선한 식자재 공급이 가능해 점주 성공안착 시스템을 탄탄히 구축했다.

피자는 이미 수 십 년간 검증된 아이템으로써 트렌드를 쫓지 않기 때문에 안정적인 수익을 가져갈 수 있다. 뽕뜨락피자는 소자본 창업에 최적화된 타입으로 부부창업과 청년창업이 모두 가능해 인건비가 절감되며 10평 기준 창업으로 임대료에 대한 부담이 적다는 강점 때문에 가맹을 주저없이 선택한다.

어린아이가 있는 가족을 타깃으로 삼기 때문에 굳이 A급 상권을 권하지 않는다. 상권을 A, B, C급으로 따로 나누기보다는 아파트 단지 내 상가와 학교 주변을 주 상권으로 꼽는다. 무리해서 임대료가 비싼 상권에 입점하지 않아도 되기 때문에 창업비용을 절감할 수 있다는 것이 장점이다.

특히 뽕뜨락피자는 '우리 가족을 생각하는 건강 먹거리' 개발을 위해 앞장서고 있다. 각 특산지에서 재배된 뽕잎, 오디, 쌀 등을 피자 재료로 사용하며, 아이가 있는 28~38세의 젊은 여성이 주 타깃인 만큼 우리 몸에 좋은 건강한 피자만을 고객들에게 선보이고 있다고 자신한다.

또한 길림성 매하구 중국 1호점을 시작으로 현재 4호점을 오픈하며 해외에서도 좋은 반응을 얻고 있다. 앞으로도 맹목적인 가맹수 늘리기에 급급하기보다 누구나 인정할 수 있는 우수 브랜드를 만들기 위해 꾸준히 노력할 계획을 가지고 있다.

(4) 맛과 건강에 좋은 우리네 피자 〈뽕뜨락피자〉의 각종 천연발효종 개발

뽕나무에서 따온 '뽕' 과 뜰, 정원 등의 터전을 의미하는 우리말 '뜨락' 의 합성어로 만든 국내 토종 브랜드 〈뽕뜨락피자〉. 뽕나무 잎을 가공한 원재료를 넣은 뽕잎도우와 우리 쌀과 오디를 넣은 오디와 쌀도우를 출시해 고객들에게 맛도 좋고 건강에도 좋은 피자를 제공하고 있다.

웰빙과 한국 정서의 만남으로 피자와 치킨 프랜차이즈 사업을 하고 있는 외식전문기업 ㈜웰빙을 만드는 사람들은 〈뽕뜨락피자〉와 〈요치킨〉을 운영하고 있다. 전국에 약 300여개의 가맹점이 운영되고 있으며 2014년에는 중국에도 진출해 해외진출에도 박차를 가하고 있다. 또 최근에는 오랜 프랜차이즈의 노하우를 바탕으로 〈요치킨〉이란 새로운 치킨 브랜드를 론칭해 브랜드의 영역을 확장시키고 있다.

〈뽕뜨락피자〉는 수많은 피자업체에서 차별화하지 않으면 살아남기 힘들다는 판단 아래 메뉴의 차별화를 꾀하게 된다. 또한 피자가 외국에서 수입된 음식이기에 우리나라 정서에 부합된 매뉴를 개발하는데 주안점을 뒀다. 먼저 피자의 맛을 결정하는 가장 핵심적인 요소인 피자 도우에 대한 차별화로 목표를 설정했다. 또 특허 개발 포인트를 건강 지향적인 웰빙 이미지와 우리 정서에 맞게끔 우리 땅에서 자란 원재료를 사용하는데 중점을 둬 메뉴 개발을 시작했다. 개발하는 과정에서 가장 어려운 숙제는 무조건 좋은 재료가 아닌 피자와 어울릴 수 있는 재료와 가장 적절한 배합 비율을 찾는 것이었다.

대부분의 피자업계에서는 밀가루도우를 사용하고 있었지만 〈뽕뜨락피자〉는 수많은 시행착오를 거쳐 최초로 도우에 뽕나무 잎을 가공한 원재료를 넣은 뽕잎도우를 개발했고, 우리 쌀과 오디를 넣은 오디·쌀도우를 출시 해 기존 피자 사장에서 획기적인 변화를 몰고 왔다.

(5) 건강한 맛을 담다

외식업체 대부분이 그렇지만 피자업체 또한 다수의 브랜드가 치열하게 경쟁하고 있다. 품질과 맛의 유지를 바탕으로 웰빙 지향적인 음식을 만드는 브랜드 철학을 담은 특허를 취득했지만 그 과정이 쉽지만은 않았다. 특허를 취득하는 법적 절차보다 기술을 개발하는 과정이 어려웠던 것이다.

뽕잎도우 및 오디·쌀 도우를 개발함에 있어서 뽕나무가 건강에 좋고 웰빙 먹거리는 분명하지만 뽕잎 특유의 성분이 피자와 접목했을 때 맛이 없으면 고객들이 찾지 않을 것이 분명했다. 뽕잎가루 및 오디가루를 피자도우에 접목했을 때 건강에 도움은 되지만 맛도 좋게 만드는 것이 가장 어려운 문제였다. 이러한 문제를 해결하기 위해 수많은 시행착오와 경험을 토대로 최적의 조건인 뽕잎 추출 가공 기술과 배합 비율을 찾아낼 수 있었다. 우여곡절 끝에 특허를 취득한 〈뽕뜨락피자〉는 현재 꾸준히 연구개발 전담부서를 운영하며 신제품 개발에 주력하고 있다.

브랜드의 경쟁력은 웰빙의 차별화이다. 피자도우는 전체적인 칼로리의 함량이 높아 비만 및 성인병을 유발시킬 수 있을 뿐만 아니라 소화 흡수율이 낮아 소화가 잘 되지 않는다. 흔히 웰빙 식품과는 거리가 먼 식품으로 알려져 있다. 이러한 문제점을 감안해 개발된 뽕잎쌀도우는 뽕잎가루와 쌀가루가 혼합돼 피자의 맛이 좋으면서도 비만 및 성인병을 예방하고 소화 흡수력을 높여줄 수 있는 강점을 갖고 있다. 고품질의 기능성 피자도우를 개발해 취득한 특허는 우선 가맹본사의 1차 고객인 가맹점주에게 만족을 주었다. 가맹점주의 만족을 얻지 못하면 프랜차이즈 사업의 전개가 어려운 현실에서 가맹점주의 지지를 얻는 것은 매우 중요했다.

〈뽕뜨락피자〉의 가맹점주 대부분은 피자 도우에 만족해 가맹점을 오픈했고, 피자도우의 장점을 고객들에게 잘 전달해 피자의 구매율을 높일 수 있었으며 뽕잎쌀도우로 매출증진과 가맹점 확장뿐만 아니라 브랜드의 인지도와 신뢰도까지 더불어 상승하게 된 셈이다.

국내 피자 시장이 약 2조원대로 추정되며 그에 따른 피자 업체도 난립하고 있다. 이러한 피자 시장에서 차별화하지 않으면 경쟁에서 도태되기 때문에 차별화된 메뉴를 개발하고 그 차별성을 인증받기 위한 특허 취득은 〈뽕뜨락피자〉에게도 생존전략이 되었다.

〈뽕뜨락피자〉가 특허를 취득한 이후 뽕잎쌀도우를 벤치마킹해 많은 업체에서 차별화된 도우를 개발해 다양한 도우가 출시되고 있다. 특히 기능성 도우의 경우 〈뽕뜨락피자〉의 도우를 비슷하게 모방하는 경우가 빈번히 일어나고 있다. 이러한 문제를 해결하기 위한 가장 효율적인 끊임없는 투자가 바탕이 된 지속적인 연구개발이라고 판단한 〈뽕뜨락피자〉는 새로운 제품을 개발, 경쟁력 강화에 박차를 가하고 있다.

현재 〈뽕뜨락피자〉는 품질과 맛은 물론 고객의 니즈에 맞는 착한 가격으로 고객들이 안심하고 먹을 수 있는 먹거리를 공급하고 있으며 앞으로도 좀 더 차별화되고 업그레이드된 메뉴를 지속적으로 개발해 나가고 있다.

특히 〈뽕뜨락피자〉의 뽕잎쌀도우의 뽕잎과 쌀가루는 전북 부안산만을 사용해 기존의 피자에서는 맛볼 수 없던 담백함과 쫄깃함을 느낄 수 있다. 뽕잎은 독성이 없고 매우 순하며 당뇨병, 뇌졸중, 동맥경화 등에 효능이 탁월하고 체질에 상관없이 누구나 먹을 수 있어 웰빙음식으로 그 효과를 인정받으며 각종 다이어트 제품의 원료로도 다양하게 활용되고 있다.

우리 쌀과 뽕잎으로 만든 웰빙피자로 이름을 알린 뽕뜨락피자는 하인즈 청키 살사 소스를 활용한 피자 레시피를 선보였다. 뽕잎과 오디, 고구마 등 웰빙 식재료로 완성한 도우에 하인즈 청키 살사 소스를 접목해 만든 피자는 고소한 치즈에 매콤한 살사 소스의 맛이 조화롭게 어우러져 입맛을 돋운다.

또한 피자에 흔하게 쓰지 않는 토핑을 사용해 색다른 메뉴를 선보이기 위한 노력을 꾸준히 하고 있다. 피자의 전체적인 맛을 좌우하는 소스는 무엇보다 신중하게 선택해야 하는 식재료 중 하나다. 붉은 색상과 건더기가 커 식감을 자극하는 농도 진한 '하인즈 청키 살사 소스' 가 주는 신선한 충격은 매력적으로 다가온다.

아직 뽕뜨락피자에서는 살사 소스를 접목한 메뉴가 없는데 이번 기회를 통해 새로운 경험을 하게 되었다. 하인즈 청키 살사 소스는 프레시(Fresh)하면서도 소스 본연의 맛이 진하게 느껴진다. 살사 소스를 피자에 접목해보니 적당히 매콤하면서도 치즈의 느끼함을 잡아준다는 장점이 돋보인다. 특히 소량으로도 진하고 풍부한 맛이 난다는 것이 마음을 사로잡는다.

토마토케첩 세계 판매 1위 하인즈의 비결은 하인즈만의 엄선된 토마토 관리에 있다. 토마토의 색상과 맛이 신선하게 유지되도록 최적의 조건에서 관리한 것이 그 비법이다. 세계인의 입맛을 사로잡은 하인즈 토마토 제품은 여러 외식업소에서 사용될 만큼 품질 면에서 인정을 받고 있다. 이 중 새롭게 출시된 하인즈 청키 살사 소스는 토마토와 할라페뇨의 비율을 60% 이상 사용해 만든 제품으로 신선한 양파, 다이스(Diced) 된 할라페뇨와 토마토의 조화를 느낄 수 있다. 특유의 청키함을 살리는 것뿐만 아니라, 매콤한 맛을 내기 위해 주원료를 아끼지 않고 사용해 진하고 풍부한 맛을 느낄 수 있는 것이 특징이다.

하인즈 청키 살사 소스를 활용한 다양한 레시피도 즐길 수 있다. 나쵸, 타코, 또띠아와 같은 사이드 디시에 사용하면 매콤하고 풍부한 질감이 원재료의 맛을 배가시키며 피자, 스테이크 등 메인 디시에 접목했을 시에는 멕시칸 소스의 진한 맛과 풍미를 느낄 수 있다.

홍게살이 들어가 바다의 향이 느껴지며, 하인즈 청키 살사 소스로 치즈 본연의 느끼한 맛을 잡은 골든랍스터카사피자다. 매콤한 살사 소스와 홍게살이 적절히 조화를 이뤄 그 맛이 일품이다. 다이어트에 좋은 식재료로 알려진 카사바칩을 으깬 후 토핑 재료로 사용한 점도 눈길을 끈다.

골든랍스터카사피자의 재료는 카나디언햄 8장, 치즈 220g, 홍게살

180g, 양파 70g, 랠리시피클 70g, 옥수수 15g, 카사바칩 40g, 브로콜리 약간, 토마토소스 50g, 하인즈 청키 살사 소스 20g이다.

2. 피자 신생브랜드의 틈새전략

1) 토핑 가득한 피자와 상큼한 깔라만시 〈피자파워〉

2~3년 전부터 에일맥주 붐이 일면서 피자와 맥주를 함께 즐기는 '피맥' 이 대세로 떠올랐다. 서울 이태원과 한남동을 중심으로 퍼지기 시작한 피맥문화가 이제 신천역 인근에까지 퍼졌으니 그 중심에 〈피자파워〉가 있다.

메가 치즈 피자는 주르륵 흐르는 고소한 치즈가 매력 만점인 피자파워의 대표 메뉴다. 시카고 스타일의 이 피자는 담백한 치즈와 깊은 풍미의 토마토 소스가 잘 어우러져 여성 고객들에게 특히 인기가 좋으며 피자와 맥주, 에이드 등을 함께 즐길 수 있는 곳으로 토핑을 푸짐하게 올린 이색적인 피자로 젊은 고객들의 호기심을 자극하고 있다.

피자파워의 피자는 크게 샐러드 피자와 올미트 피자, 치즈 피자로 나눌 수 있는데 어느 하나 손에 꼽을 수 없을 만큼 고루 인기가 있다. 그 중에서도 비타민, 루꼴라, 치커리, 라디치오 등과 직접 만든 리코타 치즈를 버무린 '리코타치즈 샐러드 피자' 와 두툼하게 썬 돼지고기를 푸짐하게 토핑한 '핫포크 올미트 피자' , 시카고의 명물 딥디시 피자(Deep Dish Pizza) 스타일의 '메가 치즈 피자' 등이 인기 메뉴이다.

나폴리와 로마 스타일을 접목한 피자파워의 도우는 쫄깃하면서도 바삭한 맛을 내며, 재료를 아끼지 않고 푸짐하게 토핑해 보기만 해도 배부를 정도다. 바삭한 오징어 튀김과 감자튀김, 깔라만시 샐러드 등도 꾸준히 인기가 높은 메뉴로 가볍게 맥주 한 잔을 즐기고 싶어하는 고객들에게 인기몰이를 하고 있다.

피자와 함께 즐기는 4종의 에이드도 이색적이다. 그 중에서도 가장 인기가 좋은 레드로즈 에이드와 깔라만시 에이드는 모두 매장에서 직접 만든 장미청과 깔라만시 원액으로 만들어 믿고 먹을 수 있다. 필리핀에서 공수한 깔라만시로 만든 원액은 맥주에 섞어 깔라만시 맥주로 즐길 수도 있다. 깔라만시는 디톡스 식품으로 최근 각광받고 있는 열대과일로 레몬보다 더 상큼하고 시큼한 맛으로 젊은 여성 고객들에게 인기가 높다.

이곳에서는 매장에서 직접 만든 깔라만시 원액으로 드레싱을 선보이기도 하는 등 다양한 깔라만시 메뉴를 선보이고 있다.

매장 내부는 발전소 콘셉트로 꾸민 것이 특징이다. 모던하면서도 시원한 느낌을 살려 인테리어 했으며, 홀 중앙에는 철제 구조물을 설치해 무대처럼 꾸몄다. 20대 초반의 젊은 고객을 타깃으로 하는 만큼 메뉴는 물론 인테리어 콘셉트까지 젊은 감각으로 무장했다.

이곳의 주요 메뉴는 리코타치즈 샐러드 피자(9900원), 오리지널 비프 올미트 피자(9900원), 메가 치즈 피자(1만1900원), 오징어튀김(4500원), 깔라만시 에이드(4500원), 산미구엘 생(4500원)이며 영업시간 11:30~24:00이다. 현 소재지는 서울시 송파구 백제고분로7길 58 2층이고 전화는 070-8238-3662 이다.

2) 25년의 노하우와 열정을 그대로 〈빨간모자피자〉

2018년 창업 26주년을 맞는 〈빨간모자피자〉는 지난 2015년 7월부터 새로운 브랜드로 재도약을 하고 있다. 고객을 위해 좋은 재료를 쓰면서도 합리적인 가격을 제시하고, 점주를 위해서는 무분별한 할인정책을 지양해 수익을 보장해 주는 배려있는 시스템을 가진 〈빨간모자피자〉는 새로운 대표를 맞은 지 1년도 채 되지 않아 2배 이상으로 매장 수를 늘렸다.

〈빨간모자피자〉는 지난 2015년 7월 M&A를 통해 새로운 CEO로 바뀌었다. 하지만 창업 초창기부터 도우에 이탈리아산 올리브유를 사용하는 등 좋은 재료를 쓰면서 합리적인 가격을 제시하는 기본 방침은 변하지 않았다.

과거 〈빨간모자피자〉의 매장 수가 적었던 것은 점주를 고르는 데 매우 까다로웠기 때문이다. 좋은 재료만큼 만드는 사람도 중요하다고 생각했기 때문에 피자를 잘 아는 사람이 아니면 오픈 기회를 주지 않았던 것이다. 그렇기 때문에 대부분의 점주들이 매장이나 본사에서 일하던 직원이었다. 하지만 지금은 피자와 브랜드에 대한 애정을 가진 사람이라면 함께할 수 있다는 기본적인 방침을 가지고 있다. 따라서 M&A 이후 매장 수가 10개에서 21개가 되는 등 2배 이상 늘었다.

이 브랜드의 특징 중 하나는 바로 배달 전문 매장이 대부분이라는 것이다. 간단하게 먹고 갈 수 있는 홀이 있지만, 대부분은 배달을 메인으로 하고 있다. 예전에도 배달 주문을 하는 사람은 많았지만 앞으로 맞벌이 부부나 1인 가구 등이 늘어나면서 배달 주문은 더 많아질 것이라고 예상했기 때문이다.

〈빨간모자피자〉는 오래된 브랜드인 만큼 합리적인 시스템을 가지고 있다. 과도한 할인을 남발하지 않기 때문에 점주에게 수익을 보장해 주는 것이다. 피자 브랜드뿐만 아니라 여러 업계에서 다양한 프로모션을 진행하고 있지만, 과연 점주와 고객 모두에게 이익이 되는가는 생각해 볼만한 문제다. 지나친 할인은 오히려 점주에게 피해를 줄 수도 있기 때문이다. 〈빨간모자피자〉를 찾는 고객들에게도 점주들에게도 합리적인 가격이 될 수 있도록 본사에서는 여러 가지 방법으로 최선을 다하고 있다.

〈빨간모자피자〉 역시 다른 프랜차이즈 브랜드와 마찬가지로 생계형 창업이 대부분이다. 그래서 매장을 오픈하고 운영하는 과정에서 비용을 과다책정하지 않는다. 매장을 운영하면서도 최소한의 인건비를 산출해 점주가 가장 많은 수익을 가져갈 수 있도록 하고 있는 것이다. 뿐만 아니라 식자재 비용도 낮추려고 노력하고 있으며, 로열티도 보통 4~8%인 다른 브랜드와 달리 2.5%라는 낮은 비율을 유지하고 있다.

현재 매장 수가 적어서 모든 점주들의 의견을 듣고 반영하고 있지만, 매장이 더 많아지면 점주들 중 지역별로 대표자를 선출해서 의견을 들어보는 것도 중요하다. 중요한 안건이 있을 때는 많은 점주들과 함께하며, 본사와 점주 모두에게 좋은 결론을 얻는 것은 당연하면서도 의미 있는 일이 될 것이다.

3) 남녀노소에게 모두 인정받은 건강피자 〈59쌀피자〉

피자가 외식 시장에서 확실히 자리를 잡은 지 적지 않은 시간이 흘렀지만, 아직도 젊은이의 음식으로만 생각되는 경우가 많다. 그러나 〈59쌀피자〉는 다르다. 5가지 곡물이 들어간 도우와 다양한 토핑 덕분에 어르신들에게도 높은 인기를 얻고 있기 때문이다. 도우를 밀가루가 아닌 곡물로 만들었기 때문에 자녀 혹은 손자에게 주려고 사는 피자가 아닌, 어르신 본인이 먹기 위해 구매하는 피자인 것이다. 〈59쌀피자〉가 지금까지 한결같은 성장세를 유지하는 것은 물론, 앞으로 더 큰 발전을 도모할 수 있는 이유가 바로 여기에 있다.

전국에 600개 이상의 매장을 오픈한 〈59쌀피자〉는 지나가다 한 번 이상 볼 정도로 우리 생활 곳곳에 자리 잡고 있다. 테이크아웃과 배달 위주로 운영하고 있기 때문에 한 번쯤 시켜봤을 정도였는데, 처음부터 지금과 같은 위상은 아니었다.

〈59쌀피자〉의 원조는 1997년에 오픈했던 〈피자 디노〉였다. 당시는 프랜차이즈 브랜드가 아닌 개인 브랜드였는데, 피자의 시장 가능성을 엿보고 레시피를 거듭 연구해 2000년에 곡물 피자를 주력으로 하는 〈59쌀피자〉 1호점을 오픈하면서부터 자리를 잡았다.

당시에는 지금과 달리 단일 사이즈로 모든 피자를 5900원에 판매했다. 지금과 같이 저가격의 피자 브랜드가 많지 않았기 때문에 많은 인기를 얻을 수 있었던 것이다. 저렴하고 맛있는데다가 쌀과 보리 등 5가지 곡물까지 들어가 점주와 고객의 반응이 모두 좋았다. 지금은 원자재 상승 등으로 가격이 조금 올랐지만 5900원 메뉴를 유지하며 초심을 잃지 않으려고 노력하고 있다.

현재 〈59쌀피자〉의 매장 수는 전국 약 625개로 매장 경쟁이 치열한 서울에만도 120여개나 된다. 작은 규모라고 해도 놀라지 않을 수 없다. 서울은 이미 포화 상태이기 때문에 최근에는 신도시 위주로 매장을 오픈하고 있다.

조금만 관심을 가지고 주위를 돌아봐도 피자 매장이 얼마나 많은지 알 수 있다. 메인 상권이 아닌 곳을 1km만 지나가도 피자집이 몇 개인지 알 수 없을 정도이다. 피자를 조금 좋아한다 싶은 소비자들이 단번에 말할 수 있는 브랜드가 10개가 넘으며, 한 구에 10개만 있어도 많은 편인데 각 동마다 피자 매장들이 3~4개씩 들어가 있기 때문에 경쟁이 심할 수밖에 없다.

때문에 〈59쌀피자〉의 목표는 매장 수를 늘리는 것이 아닌 현재 오픈한 매장을 더욱 철저히 관리하는데 중점을 두고 있다. 점주들과 본사 직원들이 함께 힘을 합쳐 〈59쌀피자〉의 매력을 더욱 널리 알리고 싶기 때문이다.

사실 피자 자체는 만드는 것이 어렵지 않다. 평균적으로 열흘 정도면 제대로 된 피자를 만들 수 있다. 중요한 건 바로 서비스 마인드이다. 고객을 직접 만나고 대하는 사람이 바로 매장에서 일하는 사람이기 때문에 점주는 물론 주방과 배달을 하는 아르바이트 직원들의 서비스 마인드가 매출과 직결된다. 그렇기 때문에 이 부분에 더욱 신경을 써야한다.

〈59쌀피자〉의 장점은 여러 가지가 있지만 그 중 첫 번째는 메뉴다. 쌀 도우로 만들었기 때문에 건강한 맛과 영양을 주는데다가 메뉴가 다양하지 못하다는 인식을 가진 다른 피자 브랜드와 달리 메뉴가 다양하기 때문이다.

저가형 피자 브랜드 중에서는 이곳이 처음으로 해물피자를 만들었다. 또한 혼자서도 먹을 수 있는 미디엄 사이즈가 있고, 가족 간식으로도 손색이 없는 '1타 3피자', 방송 프로그램을 패러디한 '농촌피자'와 '어촌 피자' 등도 꾸준히 인기를 얻고 있다. 먹는 재미에 네이밍이 주는 재미까지 더한 것이다. 알찬 가격으로 세트 메뉴까지 만들어 고객이 선택의 폭을 넓힐 수 있다는 장점도 있다.

600개 이상의 매장을 가지고 있는 본사는 피자 업종은 물론 전체 프랜차이즈 브랜드 면에서 봤을 때도 흔치 않다. 게다가 생계형 창업자가 많은 만큼 지금도 앞으로도 〈59쌀피자〉의 책임감은 무겁다.

4) Think about PIZZA 〈강정구의 피자생각〉

좋은 재료를 쓰면 좋은 음식이 되는 것은 누구나 알고 있지만 실행에 옮기기는 쉽지 않다. 대표의 이름을 걸고 만든 브랜드 〈강정구의 피자생각〉이 지금까지 명성을 이어올 수 있었던 이유는 바로 좋은 재료에 있다. 2002년에 론칭하여 지금까지 한결같은 사랑을 받아온 〈강정구의 피자생각〉은 강정구 대표의 피자에 대한 애정에서 비롯됐다. 시장에서 시작해 50여 개의 가맹점을 가진 지금까지, 대표는 늘 피자에 대해 생각하고 또 생각해왔다.

평소 요식업에 관심이 많았던 이곳 대표는 여러 종류의 음식을 놓고 고민하다 피자에 도전하기로 했다. 피자가 다른 메뉴와 달리 비수기가 따로 없기 때문에 적합하다고 생각한 것이다. 신뢰를 주기 위해 자신의 이름을 걸었고, 메뉴 고민을 하면서 피자 생각만 하다가 〈강정구의 피자생각〉이라는 네이밍이 만들어졌다. 피자는 경기를 타지 않는 메뉴이다. 주 소비층이 젊고 여성들이 많기 때문에 불황이 없는 외식업체 중 하나라고 할 수 있다. 햄버거 같은 경우 여름에 야채든 고기든 한 번씩 문제가 생기기도 하지만, 피자는 꾸준히 소비층이 상승하면서 전체적인 매출 시장도 커졌다. 치킨만큼 경쟁이 심하지 않다는 것도 장점중 하나이다.

사업 초반, 대표는 빅 브랜드의 메뉴들을 벤치마킹하고 싶은 마음도 있었지만 소스를 비롯해 재료를 공급조차 받을 수 없었기 때문에 직접 소스를 개발하게 되었다. 기존 소스들을 다양한 방법으로 혼합해 보면서 소스를 만들었다. 피자에 소스가 중요하지 않다고 생각하는 경우가 있는데, 소스에 따라 메뉴의 승패가 달려 있다고 생각한다. 그의 꾸준한 노력으로 〈강정구의 피자생각〉만의 소스를 만들 수 있게 된 것이다.

현재 50여 개의 가맹점이 있지만 처음에는 프랜차이즈 브랜드를 생각한 것은 아니었다. 직영매장 5개를 운영하고 있던 중 지인이 간곡하게 부탁해 왔다. 차마 끝까지 거절할 수 없어 1개를 오픈했는데, 결국 그 후 계속되는 연락으로 가맹점의 수가 늘어갔다. 이렇게 브랜드를 운영해 온 지 벌써 15년. 이전에도 그랬지만 앞으로도 신규 매장 오픈보다는 기존 매장 관리에 중점을 두고 있다. 특히 차별성을 둔 메뉴를 만들어서 고객에게 브랜드 로열티를 갖게 하는 것이 목표다.

다른 브랜드들이 밀가루로 도우를 만들 때 잡곡을 도우에 넣어서 만들었다. 이후에도 도우에 몸에 좋은 다양한 재료들을 넣으면서 차별화시켰고 최근 블루베리 도우를 만들기도 했다. 경기가 안 좋을수록 메뉴 개발에 집중 한 것이다.

2013년에 이마트에서 큰 사이즈의 피자가 인기를 끌었지만, 〈강정구의 피자생각〉은 이미 2006년에 45cm나 되는 자이언트 피자를 출시했다. 더 크게 만들고 싶었지만 오븐기에 들어갈 수 있는 최대 크기였기 때문에 어쩔 수 없었다. 맛은 기본인 데다가 싸고 푸짐하게 만들었기 때문에 고객, 특히 젊은 층의 사랑을 많이 받았다.

이곳 대표는 16년이라는 역사가 있었기 때문에 브랜드 초기에 창업한 점주들을 볼 때 가장 뿌듯하다. 처음 매장을 오픈했을 때 꼬마였던 아이들이 이제 대학생이 된 것을 보면 매우 흐뭇하다. 오랫동안 함께 한 점주들을 보면서 더 열심히 해야겠다는 생각도 하게 되었다. 이렇게 한결같이 함께할 수 있었던 가장 큰 이유는 바로 브랜드에 대한 신뢰도 때문이다. 대표의 이름으로 만들어진 브랜드이기 때문에 초기부터 신뢰도가 높았던 것은 물론이다.

브랜드를 좀 더 알리기 위해 〈강정구의 피자생각〉의 마케팅은 조금 다르다. 비용이 많이 드는 드라마 PPL보다는 동네 상권 위주로 메뉴를 알리고 있다. 고가의 광고나 드라마 PPL은 적지 않은 비용이 들고, 결국 점주들에게 부담이 될 수밖에 없기 때문에 대표는 앞으로도 좀 더 신중하게 생각할 것이라고 한다. 대신 입소문을 낼 수 있는 블로그 체험단이나 프로모션 등을 다양하고 꾸준하게 진행하면서 고객과 직접 접촉하는 방법을 택하고 있다.

5) 18년간 이어진 피치 세트와 함께하는 〈피자나라치킨공주〉

짜장면과 짬뽕, 족발과 보쌈과 함께 피자와 치킨을 사이에 두고 고민을 하는 경우가 적지 않다. 이럴 때를 위해 〈피자나라치킨공주〉는 두 가지 메뉴를 한 가지 가격으로 출시해 고객은 물론 점주들의 사랑도 한껏 받고 있다. 두 달에 한 번씩 신메뉴가 나오고 수익보장제를 통해 점주의 걱정을 사전에 차단하는 놀라운 제도를 갖고 있는 〈피자나라치킨공주〉의 매력이 궁금해진다.

(1) 2015년 폐점율 0%를 자랑하는 피자 브랜드

2018년, 현재 〈피자나라치킨공주〉의 폐점률은 0% 다. 내로라하는 대기업 브랜드들도 하루가 다르게 폐점하는 매장들이 많아지는 것을 감안한다면 놀라운 일이 아닐 수 없다.

다른 브랜드들에 비해 창업비용이 매우 낮고 로열티도 없기 때문에 점주들이 오픈 전은 물론 오픈 후에도 매우 만족스러워 한다. 18년을 이어오며 늘 고민해 온 결과다. 좋은 재료로 맛이 보장되는 것은 물론, 두 달에 한 번씩 신메뉴가 나와 고객이 늘 찾아주니 매출이 늘지 않을 수가 없다.

이곳의 마케팅 팀장 역시 〈피자나라치킨공주〉의 메뉴를 좋아한다.

가격이 착한데다 자연산 치즈까지 사용해 일단 한 번 맛보면 브랜드의 성공 이유를 알 수 있다.

피자라는 메뉴가 두 달에 한 번씩 신제품이 나온다는 것은 쉽지 않은 일이기 때문에, 그때그때 핫한 메뉴들을 피자와 접목시키는 데 망설이지 않아야 한다. 피자는 유행을 타지 않지만, 그 안에는 유행이 있다. 따라서 신메뉴가 꾸준히 나와야 하는 것이다.

〈피자나라치킨공주〉는 이를 반영해 메뉴를 만들고 있다. 오코노미야키 피자와 탄두리치킨 피자도 있다. 신메뉴를 자주 출시하는 것은 비용도 많이 들지만 고객의 입맛이 끊임없이 변하는 것을 반영한 메뉴가 있어야 매출이 유지되고 상승하기 때문에 결국은 모두가 만족하고 있다.

(2) 저렴한 물류비, 착한 재료 가격

〈피자나라치킨공주〉의 가장 큰 장점은 바로 물류비다. 피자에는 자연산 치즈를, 치킨은 국내산 닭을 사용하고 있는데도 이렇게 저렴하고 푸짐하게 판매할 수 있는 비결은 무엇일까?

다른 부분보다 물류비를 매우 저렴하게 책정하고 있기 때문이다. 다른 브랜드와 비교해 보면 차이가 상당할 정도다. 오랫동안 브랜드를 이어오면서 얻은 노하우 덕분에 제품 한 개를 판매해도 이윤이 많이 남는다. 좋은 재료로 만들어 비싸게 파는 건 누구나 할 수 있지만 좋은 재료로 만들어 저렴하게 판매하는 것은 누구나 할 수 없다.

하지만 아직도 이런 〈피자나라치킨공주〉의 진심을 모르는 사람이 많다는 것이 안타깝다. 다른 브랜드에서는 피자 한 판 또는 치킨 한 마리도 먹을 수 없는 가격에 두 가지 메뉴를 모두 주기 때문이다.

〈피자나라치킨공주〉는 앞으로도 많은 사람들에게 가격도 착하고 맛있으며, 좋은 재료를 쓰고 있다는 것을 알리기 위해 점주들과 함께 더욱 최선을 다할 것이다.

(3) 창업할 때 겪게 되는 세 가지 고민

예비창업자들이 창업을 준비할 때 고민하는 것은 크게 세 가지다. 창업비용을 어떻게 구할 것인지, 메뉴를 잘 만들 수 있을지, 오픈 후 장사가 잘될지 등이다. 〈피자나라치킨공주〉는 이를 해결해 주고 싶었고 현재는 그 방법을 모두 찾았다.

다른 브랜드는 무이자 대출을 혜택이라고 말한다. 하지만 〈피자나라치킨공주〉는 다르다. 운영은 하고 싶지만 자금은 없는 예비 점주, 투자는 하고 싶지만 운영은 부담스러워 하는 투자자들과 연결을 시켜준다. 계약서로 명확하게 명시해 이윤을 배분하고, 운영하는 점주들에게는 가장 많은 수익을 가져갈 수 있도록 한다. 그러다 보니 창업 부담도 적고 열심히 일하면 많이 가져갈 수 있으니 모두 만족할 수 있게 되는 것이다.

메뉴를 잘 만드는 것은 본사를 믿고 따르면 쉽게 해결된다. 본사에서 5일 동안 철저하게 교육을 받으면 매장에서도 문제없이 일할 수 있기 때문이다. 특히 직접 만들어서 배달해 보는 훈련을 본사에서 받게 되는데, 상당히 좋은 효과를 얻고 있다.

오픈 후에도 한 달에 세 번씩 슈퍼바이저들이 매장에 나가 어려운 부분들을 도와주기 때문에 걱정할 필요가 없다. 매출 역시 마찬가지다. 오픈하고 첫 두세 달은 매출이 적을 수도 있다. 그래서 〈피자나라치킨공주〉는 월 수익 500만원을 1년 동안 보장해 준다. 즉, 수익이 400만원일 경우 본사에서 100만 원을 지원해 주는 것이다. 믿지 못할 만큼 좋은 제도지만 그만큼 본사의 자신감이 느껴지는 제도이기도 하다.

6) 브랜드를 지키는 맛의 퀄리티 〈오리지널시카고피자〉

여러 메뉴 중 최근 핫한 아이템을 뽑는다면 시카고피자를 꼽는 사람이 적지 않을 것이다. 다양한 브랜드에서 시카고피자를 신메뉴로 개발하고 있지만, 이름마저 시카고피자가 들어가는 〈오리지널시카고피자〉가 단연 선두다. 고급스러우면서도 개성 있는 인테리어와 뛰어난 맛으로 1호점인 홍대점부터 점주와 고객들에게 꾸준히 인기를 이어가고 있다.

(1) 고객들에게 가장 맛있는 시카고피자를

2014년 4월, 〈오리지널시카고피자〉는 홍대 직영점을 1호점으로 오픈했다. 오랫동안 메뉴 개발을 해왔기 때문에 좋은 반응을 얻을 수 있으리라 생각했지만 기대 이상으로 높은 인기를 얻었다.

이곳 대표는 몇 년 전 대학 내에서 프랜차이즈 피자 전문점을 운영한 적이 있었다. 학생들이 많은 곳이니 장사가 잘 될 것이라고 생각했지만 기대와 달리 미흡한 점이 많았고, 본사 역시 큰 도움이 되지 못했다. 그래서 본인만의 브랜드를 만들어 운영하며, 피자도 직접 연구했다. 프랜차이즈 브랜드를 할 때보다 훨씬 고객들의 만족도가 높았다.

실제로 프랜차이즈 브랜드를 운영하면서 몸으로 문제점을 체험했기 때문에 〈오리지널시카고피자〉를 시작하면서 프랜차이즈는 전혀 염두에 두지 않았다. 맛과 매장 분위기에 만족하는 고객들이 많았기 때문에 가맹 문의도 많이 들어왔지만 직영점으로만 운영하고 싶었던 것이다. 하지만 〈오리지널시카고피자〉의 독창성을 따라하려는 브랜드가 많아지면서 대표는 마음을 바꾸었다.

후발주자들이 많은 것은 괜찮다고 생각했다. 그만큼 인기를 반증하는 것이기 때문이다. 하지만 고객들이 다른 브랜드의 시카고피자를 맛보고 실망하면 다시 시카고피자를 찾지 않을 것이라 생각하니 이대로는 안 되겠다는 생각이 들었다. 그래서 처음 결심을 바꿔 프랜차이즈를 시작하게 된 것이다.

(2) 브랜드 퀄리티를 지키는 물류와 인테리어

〈오리지널시카고피자〉 1호점인 홍대점은 기대 이상으로 성공을 거두었다. 방송을 타기도 전부터 입소문이 나 늘 줄 서 있는 사람들이 있었고, SNS 파급력의 큰 효과를 보기도 했다.

생각한 것보다 더 많은 고객들이 찾으며 이슈가 됐다. 굳이 마케팅을 하지 않아도 고객들이 SNS 등에 사진을 올려주었고, 나중에는 방송까지 타면서 더 많은 고객들이 찾기도 했다.

시카고 피자 본연의 특징과 맛을 살린 것과 함께 인테리어 분위기가 고급스러우면서도 편안하다는 것이 〈오리지널시카고피자〉의 매력 중 하나다. 전체적으로 모던하면서도 새롭고 편안한 콘셉트로 가고 있는데, 매장마다 분위기를 다르게 하는 것이 다른 프랜차이즈 브랜드와 다른 점이다.

프랜차이즈라고 해서 꼭 한 가지 분위기로 갈 필요는 없다. 입점한 곳의 특징에 따라 분위기를 조금씩 다르게 해, 디테일한 부분까지 신경을 많이 쓰기 때문에 솔직히 저렴하다고는 하기 힘들지만 매장의 인테리어를 직접 보면 오히려 점주들이 더 만족하는 경우가 많다. 그만큼 꼼꼼하고 고급스러운 부분들이 많다는 증거이다.

현재 16개의 매장을 운영 중이지만 직접 물류를 하고 본사에서 운영하는 인테리어 회사가 있다는 것도 특징 중 하나다. 지금 당장은 비용이 더 들 수도 있지만, 장기적으로 생각하면 미리 시작하는 것이 장점이 많기 때문이다.

직접 물류나 인테리어 회사를 직접 운영하는 것은 사실 비용이 많이 든다. 하지만 초기 비용으로 한 번에 투자할 것인가, 여러 번으로 비용을 투자할 것인가를 생각해 보면 답이 나온다. 본사에서 모든 것을 직접 하기 때문에 퀄리티도 높을 수밖에 없다.

(3) 맛으로 확인하는 브랜드

예비창업자들이 본사를 찾아 상담을 원하면, 이곳 대표는 일단 다른 데서 시카고피자를 맛보고 오라고 한다. 직접 맛을 보지 않으면 그 차이를 인지할 수 없기 때문이다.

처음에는 브랜드에 대해 100% 확신을 가지고 있지 못했던 경우에도 6개월에서 1년 정도 매장을 운영하면 그 차이를 알겠다고 말할 수 있다. 그 과정에서 조금 힘든 시간은 있을 수 있지만 본사를 믿고 따라간다면 좋은 결과를 얻을 수 있다.

본사와 직영점에서 계속 되는 메뉴 개발, 분기별로 나오는 다양한 신제품, 보기에도 좋아 먹기에도 좋았던 비주얼 등은 〈오리지널시카고피자〉가 지금 이 자리에 있게 한 공신이라고 할 수 있다. 초기에 〈오리지널시카고피자〉는 여유 있는 공간을 위해 165㎡(50평) 기준으로 가맹점을 모집했다. 하지만 예비점주들의 요청으로 115.7㎡(35평) 전후의 매장도 오픈할 수 있도록 하며, 소규모 창업을 목표로 하는 점주들을 위해 배달과 테이크아웃만 가능한 매장도 오픈하고 있다.

7) 배달 특화 고객관리 〈피자헤븐〉

치킨과 더불어 과포화 상태라고 여겨지는 피자 시장. 하지만 대중성 높은 아이템으로 여전히 예비창업자에게 선택을 받는다. 특히 적은 투자비용으로 성공하고 싶은 소자본창업자에게는 선택 1순위 아이템이다.

특히 수익모델 자체가 배달에 특화할 수 있어 매장 규모가 중요치 않다. 초기 고정비가 줄어 예비창업자의 부담은 낮아진다는 뜻이다. 이 때문에 피자는 여전히 소자본창업에서 빼놓을 수 없는 아이템이다.

(1) 노동에 의한 이윤창출

소자본창업자가 선택하는 1순위 아이템 '피자' 는 포장배달로 매출확보가 용이하다는 장점을 갖는다. ㈜피에이치티아이 〈피자헤븐〉은 이 같은 이점을 살려 소자본창업 유치에 나섰다. 피자 배달 전문이라는 콘셉트에 맞게 다른 브랜드보다 임차료가 저렴한 곳에 점포가 위치한다. 가맹본부는 '일대일 맞춤형 창업설명회' 를 개최함으로써 창업비용을 줄여 주는 혜택을 제공한다. 〈피자헤븐〉의 소자본창업에 적합한 이유로 다양한 지원 혜택을 꼽는다.

가맹본부의 슬로건은 '자본 투자보다 노동 투자에 의한 이윤 창출에 두고 〈피자헤븐〉은 소자본창업자에게 적합한 브랜드와 식자재 보증금 면제, POS 시스템 무상제공, 오픈 컨설팅 비용 면제 등과 같은 지원을 제공한다.

구체적으로 〈피자헤븐〉은 500만원에 달하는 식자재 보증금을 창업설명회에 참석한 예비창업자에게 면제한다. POS 비용과 개점 뒤 매장지원 컨설팅 비용 역시 받지 않는다. 이 모든 혜택을 합하면 약 1000만원 이라는 투자금액을 절약할 수 있다.

아울러 가맹본부는 무형의 지원활동으로 소자본창업자를 돕는다. 오픈전에는 반드시 가맹본부 담당자가 매장의 위치와 규모, 운영 방안 등을 점주와 논의한다. 이 과정에서 가맹본부는 본인이 투자할 수 있는 금액에 맞도록 오픈 계획을 지원한다.

소자본창업을 지원하는 또 다른 방안으로 〈피자헤븐〉은 금융기관 제휴를 꼽는다. 현재 가맹본부는 외환은행과 창업대출 업무제휴를 맺었다. 이 때문에 최대 3000만 원까지 대출이 가능하다. 또, 6개월간 대출이자를 가맹본부에서 대납해 창업자가 부담 없이 매장운영에만 신경 쓰도록 하고 있다.

(2) 철저한 고객관리로 매출상승

소자본창업자에게 가장 큰 리스크 요인은 역시 입지의 불리함이다. 임차료가 낮은 곳으로 밀리다보니 자연스럽게 안정된 매출확보가 어렵다. 이를 극복하는 방안이 바로 마케팅 활동이다.

가맹점 사업자는 입지가 유리한 점포의 점주보다 몇 배 이상 땀과 정성을 쏟는다. 예를 들어 소자본으로 창업한 점주는 철저한 고객 데이터 관리로 매출 증가를 노린다.

단골비중을 높이는 일이 가맹점 사업자에게는 생존의 문제다. 따라서 고객 관리는 기본 중의 기본이다. 단골 비중이 높았던 가맹점

사례로 서울 동소문점을 꼽는다. 해당 점포는 초기 낮은 매출을 점주가 절치부심 끝에 끌어올린 경우다.

동소문점은 대학교를 주변에 뒀지만 초기 매출이 기대를 밑돌았다. 점주는 이미 자영업을 하다 실패한 경험이 있기에 곧장 특단의 조치를 취했다. 다양한 홍보 이벤트를 마련하고 고객 데이터베이스(DB) 구축에 나섰으며, 이를 바탕으로 재주문 비율을 높였다.

현재는 9000명 정도의 데이터를 확보한 상태이며 이로 인해 고객 취향에 맞춘 제품 서비스와 다양한 커뮤니케이션이 가능해졌다.

이외에 또 다른 성공 사례로 〈피자헤븐〉 논현점은 1억 5000만 원 미만으로 만족스러운 매출 성과를 거뒀다. 성공 요인은 가맹본부와 점주의 끊임없는 노력과 일선 점주의 매뉴얼에 따른 엄격한 품질관리다. 가맹본부 슈퍼바이저는 영업 데이터 분석에 열중한다. 이로써 가장 효과적인 홍보활동을 진행해 양측의 노력이 맞물려 매출이 꾸준하게 상승할 수밖에 없는 구조가 된 것이다.

비단 소자본창업 성공 케이스는 논현점 이외에도 있다. 〈피자헤븐〉 회기점은 좋은 상권에 입점해 불과 일주일 사이에 일매출이 200만원에 달했다.

투자비용은 기준선인 1억 5000만원에서 1000만 원 정도 초과했지만, 입지의 장점을 강화했다. 유동인구가 많은 역 인근에 매장을 열어 매출은 여전히 증가 추세다.

서울 강남구 서초점 역시 소자본창업의 성공사례다. 투자비용은 불과 1억 1000만 원. 이 가운데 5000만 원은 매장 보증금으로 쓰였다. 현재 서초점의 투자수익률은 약 10%에 달한다.

이 같은 〈피자헤븐〉 논현점의 성공 포인트는 단골비중을 높여 재방문 고객을 확보하는 것이다. 그래야만 소자본창업 시장에서 생존할 수 있다. 이를 위해서는 고객 데이터를 철저하게 관리하고 마케팅 활동에 활용해야 한다.

또한 〈피자헤븐〉 논현점은 1억 5000만 원 미만의 투자금액으로 만족스러운 매출을 올렸다. 투자비 가운데 점포 보증금 비율이 높은데, 좋은 상권에 입지하는 대신 규모를 줄였다. 배달 매출에 치중해 소자본창업에 성공한 것이다.

그밖에도 가맹본부는 금융기관과 제휴해서 창업대출자금을 지원한다. 사업 초기에는 대출금 이자를 가맹본부가 대신 납부하기도 하여 소자본창업자의 부담을 덜어줄 수 있다.

이외에도 꼼꼼히 살펴보면 투자금액을 조금이나마 줄일 수 있으며, 다양한 혜택들이 있어 경쟁력으로 작용할 수 있다는 점을 성공 포인트로 꼽을 수 있다.

8) 일본스타일의 나폴리식 피자 〈이태리총각〉

2014년 서울 통인동 한적한 골목에서 시작한 〈이태리총각〉은 이탈리안 전문 셰프를 주축으로 두 명의 청년이 힘을 합쳐 론칭한 곳이다. 평소 나폴리 피자에 관심이 많았던 셰프가 화덕 피자전문점이 대중화된 일본에서 배운 레시피를 기본으로 메뉴를 연구.개발, 〈이태리총각〉만의 나폴리 피자를 선보인 것이다.

(1) 이태리총각만의 개성 있는 피자

〈이태리총각〉의 피자는 클래식한 멋이 있으면서도 과감한 시도로 자신만의 개성이 두드러진다. 브랜드를 상징하는 총각핏짜는 김밥같이 돌돌 말아낸 형태가 이색적인 메뉴다. 피자 메뉴 중 판매율이 70%를 차지할 정도로 인기가 높다. 평소 김밥을 즐겨 먹는 셰프가 직원 식사용으로 피자를 돌돌 말아 제공했는데 이것이 계기가 되어 총각핏짜를 개발했다. 총각핏짜는 도우 위에 토마토소스를 바르고 모차렐라와 매콤한 소고기볶음을 토핑한 후 구워내는데 로메인, 리코타 치즈, 양파 등을 넣고 돌돌 말아 김밥처럼 썰어 제공한다. 독특한 비주얼뿐만 아니라 매콤한 소고기볶음과 리코타 치즈, 양파 등이 어우러진 맛이 특별하다. 새우튀김이 올라간 시오리도 〈이태리총각〉 피자 메뉴에 특색을 더한다. 시오리는 새우 껍질째로 튀겨 토핑으로 올린 피자로 셰프가 일본에서 맛있게 먹었던 피자를 떠올리며 개발한 메뉴이다. 도우 위에 바질, 모차렐라, 올리브유만 올려 구운 후 튀긴 새우와 토마토, 루콜라를 토핑한다.

클래식한 메뉴 구성도 충실하다. 콰뜨로 포르마지는 여성고객이 많이 찾는 피자다. 이탈리아산 모차렐라와 고르곤졸라, 아시아고, 그라노파다노 치즈와 바닐라빈 크림을 올려 치즈의 깊은 풍미를 전하는데 바닐라빈 꿀에 찍어 먹으면 달콤함도 더한다.

(2) 이탈리아산, 국내산 밀가루의 장점 극대화한 도우

〈이태리총각〉의 도우는 고소하면서 쫄깃한 맛을 추구한다. 이곳 셰프는 이 맛을 찾기 위해 두 달간 도우 개발에 꼬박 매달렸는데 국내산 밀가루와 이탈리아산 밀가루를 배합해 최고의 맛을 구현한다. 여기에 생이스트를 배합, 3일 정도 저온 숙성해 사용한다.

36㎡(11평) 매장에서 소규모로 시작했던 〈이태리총각〉은 오픈 초기부터 도우를 OEM 생산하고 있다. 공장에서 하루 정도 저온 숙성 후 배송, 매장에서 1~2일 동안 2차 숙성한다. 이후 피자로 만들기 전 상온에서 2~3시간 정도 발효해 고르니초네가 터지지 않고 고르게 부풀도록 하고 있다. 총각핏짜는 선 토핑한 도우를 팔라 위에 올

린 뒤 도우를 사각형 모양으로 잡아 올려 만들기 시작한다. 그리고 화덕에 70~80초간 익힌 도우 한쪽에 로메인을 놓고 토마토, 양파, 모차렐라를 가지런히 올린다. 그 후 손에 골고루 힘을 주어 말아 일정한 간격으로 도우가 터지지 않게 썬다. 마지막으로 발사믹 크림을 지그재그로 뿌려 마무리를 하는 것이 메뉴의 포인트이다.

(3) 국내산 화덕 활용해 비용 절감

〈이태리총각〉은 기능성은 좋으면서 수입산보다 비교적 저렴한 국내산 화덕에서 참나무 장작을 활용해 피자를 굽는다. 피크 시간대에는 485℃에서 3~4판 정도를 70~80초 동안에 빠르게 구워낸다.

다른 화덕 피자전문점과 차별화되는 점은 피크 타임에도 피자 파트에 인력을 한 명만 배치해도 무리가 없는 것이다. 그 이유는 가장 많이 팔리는 총각핏짜 덕분이다.

선 토핑 과정을 마치고 구워낸 총각핏짜의 마무리는 샐러드 파트가 전담, 피자 파트 매뉴얼을 간소화하고 있다. 또한 나폴리 피자의 감성을 전하기 위해 번화한 상권보다는 조용한 주택가 상권에 주로 입점하고 있다. 이태리총각 삼선점은 브랜드의 세 번째 매장으로 인근 주민의 주목을 받고 있다.

서울 성북구 인촌로5길 85(삼선점)에 위치한 이태리총각의 주요메뉴는 총각핏짜 1만 8000원, 시오리 1만 9000원, 꽈뜨로 포르마지 1만 9000원, 도피오말토 8000원이며, 전화는 02-6405-8893이다.

9) 각국의 특색을 조화롭게 담은 화덕피자 〈캘리포니아 피자 키친〉

노란 화덕이 시그니처인 〈캘리포니아 피자 키친(이하 CPK)〉은 다양한 인종이 모여 사는 미국 캘리포니아처럼 나라별 특색 있는 식재료를 토핑으로 올린 화덕피자를 선보였다. 고수, 아보카도 등 피자 토핑으로 잘 활용하지 않는 재료를 사용해 건강하면서 깔끔하고 담백한 피자를 제공한 것이다.

(1) 세계 각국의 특색 녹인 피자

〈CPK〉는 각양각국의 특산품을 활용한 'Unique Pizza' 를 콘셉트로 메뉴를 개발한다. 현재 국내 메뉴의 40% 정도는 미국 현지에서 판매하는 메뉴다. 미국에서 레시피를 전수받으면 한국 운영방식으로 매뉴얼화해 제공한다. 대표 메뉴 중 캘리포니아 클럽은 미국 현지 메뉴로 아보카도를 활용한 피자다. 도우 위에 모차렐라를 올려 구운 후 토마토, 베이컨, 렌치 드레싱으로 맛을 낸 샐러드, 아보카도로 토핑한다. 토마토와 샐러드, 아보카도가 베이컨과 어우러져 건강하게 피자를 즐기고 싶은 여성고객에게 인기다.

또 다른 인기 메뉴 오리지널 바비큐 치킨은 바비큐소스를 도우 위에 바른 후 미리 양념한 닭고기, 적양파, 훈제 고다 치즈, 고수를 올려낸다. 닭고기는 허브와 마늘로 마리네이드한 후 특제 바비큐소스로 맛을 더해 한 번 토핑할 양만큼 미리 소분해 둔다. 토핑으로 뿌린 고수의 알싸한 향이 불고기 맛의 닭고기와 어우러져 이색적이다.

〈CPK〉는 피자 외에도 파스타, 메인 요리, 샐러드를 메뉴로 구성한다. 피자 메뉴가 20종 정도로 가장 많으며 판매 비중은 50%를 차지한다.

(2) 중량. 숙성 온도까지 매뉴얼화

도우는 미국 〈CPK〉에서 전수한 레시피 그대로 세몰리나와 강력분을 배합해 만든다. 반죽을 마친 도우는 일반 도우와 런치용 미니 피자 도우로 각각 226g, 142g으로 소분해 OEM 생산 후 냉동 배송한다.

매장에서는 계절에 따라 실온 또는 냉장 숙성고에서 약 26시간 동안 숙성 후 사용한다. 적정 숙성 정도를 판별하기 위해 〈CPK〉는 도우 온도를 측정하는데 도우가 60~70℉(16~21℃)일 경우 숙성이 잘된 것으로 판단한다.

도우는 오리지널과 씬 두 종류로 제공한다. 오리지널 도우는 직접 손으로 펴서 만들어 부드러우면서 쫄깃한 식감을 살리며, 씬 도우는 밀대로 밀어 바삭하다. 이곳 피자는 도우 내부 온도를 기준으로 도우의 숙성 정도를 판단한다. 적정 온도는 16~18℃이다. 오리지널 도우 성형의 포인트는 처음부터 엣지를 살리는 것이다. 한 손으로 반죽을 고정하고, 다른 한 손으로 엣지는 살리면서 중심부는 평평하게 편다. 적당한 크기로 커진 반죽은 양손으로 잡아당겨 늘린 후 템플릿에 맞춰 크기를 조절하는데 보통 일반 피자 지름은 30~33cm, 미니 피자도우는 20cm다.

(3) 가스 화덕과 오븐 활용해 운영 효율성 제고

토핑을 마친 피자는 가스 화덕에 약 3분간 굽는다. 가스 화덕은 상부 온도와 하부 온도를 각각 240℃, 290℃로 설정해 효율적으로 사용한다. 〈CPK〉는 현재 운영하는 10개 매장 중 8개 매장에서 가스 화덕을, 콤팩트형 2개의 매장은 오븐을 이용한다. 가스 화덕을 사용하는 것이 기본이지만 입점하는 매장의 환경에 따라 오븐을 설비한다. 피자 퀄리티를 유지하기 위해 미국 〈CPK〉에서 심사하고 승인한 브랜드의 오븐만 사용한다.

〈캘리포니아 피자 키친〉은 2007년 ㈜서울랜드가 들여온 미국브랜드로 현재 10개 매장을 운영 중이다. 미국 현지 메뉴 외에도 자체 개발한 다양한 종류의 피자를 선보였다.

서울시 강서구 하늘길 77에 소재한 〈CPK〉 김포공항 롯데몰점의 전화는 02-6116-5835이며 주요메뉴는 캘리포니아 클럽 2만 1900원, 오리지널 바비큐 치킨 1만 7900원, 모히또(무알콜) 7900원, (알콜) 9900원이다.

참고문헌

공정거래위원회, 피자 프랜차이즈 브랜드 정보공개서 분석, 2012.

김설아, "패밀리 레스토랑의 몰락, 질릴 법도 하지", 머니위크, 2015.03.19.

김아람, "그 많던 '아웃백' 어디로 갔나, 패밀리 레스토랑 쇠락하는 이유 4가지", 허밍턴포스트, 2015.02.26.

김영갑, "외식기업의 인터넷 마케팅 평가체계", 월간식당, 2016.

김영식. 전용수. 권규미(2015), 외식경영사례 (서울:기문사) 321 · 355

김지윤, 헤럴드경제. 2017. 6. 1.

______, "피자 빅3 생존전략", 2018. 1. 11.

김진한(2008), 「전략적 포지셔닝 이론과 사례」, (서울: 와이미디어).

김현희. 이대홍(2015), 「외식창업실무론「, (서울: 백산출판사), 18-19.

농림축산식품부, "외식산업 성장 추이", 2017.08.

매일경제, "피자브랜드 신메뉴 평가", 2017. 12. 28.

미스터 피자, https://www.mrpizza.co.kr/

박선정, 봉수아피자. 월간식당 176-177. 2016. 11.

박세환, 냉동피자, 홈피자 시장 추이, 2018. 1. 11.

박천수, 창업&프랜차이즈. 100. 피자에땅. 창업경영신문. 2013. 6. 27.

서재필, 대한민국 100대 프랜차이즈, 파파존스피자, 창업경영시대.

세계일보, " '국민 간식' 피자 주문도 이제 '엄지족'이 대세", 2015.07.31.

2016. 12. 21.

신지훈, "2014년 외식업계 '4强 3中 3弱' 형국 Ⅲ", 월간식당, 2015.02.10.

에너지경제, 「주목받는 창업 아이템」, 2016.05.24.

연합뉴스, "피자 주문도 모바일로 도미노 피자 모바일 주문", 연합뉴스, 2015.07.30.

여성신문, https://www.womennews.co.kr/news/47241

월간식당, 2017. 12., 132-135.

이동은, "프랜차이즈 FC리포트", (2017.08), 180-187

이인규, "프랜차이즈 3선", (2014.12), 226-227.

조이뉴스, https://joynews.inews24.com/

창업&프랜차이즈, 2012. 1. 11. 피자알볼로.

______________, 2013. 2. 16. 피자팩토리.

한국 갤럽(2015), 패스트 푸드 기호 조사.

한눈에 읽는 외식창업 성공이야기 [시리즈 15]

끊임없이 변하는 맛 피자 전문점

발 행 일 : 2018年 6月 1日

저 자 : 김 병 욱

발 행 처 : 킴스정보전략연구소

홈 페 이 지 : http://www.kimsinfo.co.kr

주 소 : 서울시 강동구 성내로8길 9-19(성내동 550-6) 유봉빌딩 301호(☎ 482-6374~5, FAX : 482-6376)

출판등록번호 : 제17-310호(등록일: 2001.12.26)

인 쇄 : 으 뜸 사

I S B N : 97911-7012-149-7

※ 당 연구소에서 발간하는 도서구입, 도서발행, 연구위탁, 강의, 내용질의, 컨설팅, 자문 등에 대한 문의 ☏(02)482-6374.